“*O que é Teologia bíblica?* c[illegible] Hamilton como pensador de primeira ordem e escritor extremamente talentoso. Este livro se desenvolve sobre a pressuposição que a grande narrativa bíblica — composta de sessenta e seis livros escritos por numerosos autores que incluem histórias, poemas, provérbios, cartas e apocalipses — demonstra profunda unidade interior. Sua unidade surge da sua inspiração divina e, de fato, é a história verdadeira do mundo inteiro. Hamilton ensina seus leitores a se envolverem com a teologia bíblica, permitindo que a história bíblica nos forme e nos conforme à vontade de Deus.”

Bruce Riley Ashford, Chanceler, Deão e Professor Adjunto de Teologia e Cultura, *Southern Baptist Theological Seminary*

“*Teologia* é uma palavra que vem carregada de bagagem. Como eu, a maioria das pessoas encontra a mente um pouco fechada quando se menciona teologia, principalmente porque isso desperta o mesmo tipo de sentimento que palavras como *cálculo* e *consulta ao dentista.* Desde o começo deste livro, porém, James Hamilton nos assegura de que não fará acrobacias mentais (embora estou certo de que poderia, se assim quisesse). Em vez disso, ele nos mostra que a Bíblia é histórica, e Deus é um exímio contador de histórias e, assim, a teologia bíblica é menos parecida com a matemática e mais como a literatura; é menos um estudo frio das propriedades químicas da tinta e mais uma contemplação de um quadro de Van Gogh. Este é um livro que eu gostaria de ter lido há muito tempo.”

Andrew Peterson, cantor/compositor; autor, *The Wingfeather Saga*

"Este livro breve e acessível mostra como nos afastarmos de fazer da Bíblia um livro sobre nós e reduzi-la a mais um livro de autoajuda. Qualquer um que leia *O que é Teologia bíblica?* começará a descobrir do que realmente se trata a Bíblia e terá mais experiências de 'Agora entendi!', pois fornece aos leitores a capacidade de traçar as linhas temáticas e soluções da linha da história da Bíblia do começo ao fim."

Nancy Guthrie, autora da série de estudos bíblicos: *Seeing Jesus in the Old Testament*

"A leitura bíblica mal orientada conduz à vida mal orientada. É frequente o leitor da Bíblia saltar de paraquedas numa passagem, sem compreender o contexto imediato, nem mesmo o contexto que permeia toda a Bíblia. Ter uma boa orientação, quanto a história inteira da Bíblia, é a única forma de conseguir uma interpretação correta para uma vida correta. Obter essa perspectiva da Bíblia como um todo é a tarefa da teologia bíblica, e Jim Hamilton nos oferece uma excelente introdução a esta importante, mas negligenciada, disciplina. Se a abordagem interpretativa do livro de Hamilton for aplicada, o leitor será capaz de entender melhor a Palavra de Deus, conhecer a mente de Cristo, e glorificar a Deus."

K. Erik Thoennes, Professor Catedrático de Teologia, Escola de Teologia Talbot, Universidade Biola; Pastor, Igreja da Graça Evangélica Livre, La Mirada, Califórnia

"É um privilégio empolgante observar e ser beneficiado pelo 'amadurecimento' da disciplina de teologia bíblica em nossa geração. Na explosão de literatura a este respeito temos necessidade de uma introdução simples, breve, de nível popular — alguém que nos ofereça uma visão aérea da floresta, antes que comecemos a caminhada por entre as árvores. É isto que Jim Hamilton faz por nós aqui. *O que é Teologia bíblica?* oferece um utilíssimo ponto de partida para estudantes iniciantes, e estudantes de todos os níveis serão abençoados ao relembrar os maravilhosos modelos e temas que fazem da Escritura um livro tão glorioso."

Fred G. Zaspel, Pastor, Igreja Batista Reformada, Franconia, Pensilvânia

"Fico realmente maravilhado com tudo que Jim Hamilton conseguiu colocar neste pequeno volume. *O que é Teologia bíblica?* é uma destilação escrita, envolvente, de anos de estudo da Bíblia, tanto acadêmico quanto devocional. O leitor encontrará um guia sucinto, claro e empolgante que abrange toda a história da Escritura. Ficará no topo de minha lista de livros recomendados a qualquer que queira entender melhor a Bíblia, o mundo, e seu lugar na história de Deus. Este é um presente pelo qual sou profundamente grato."

Rob Lister, Professor Adjunto de Estudos Bíblicos e Teológicos, Escola de Teologia Talbot

"É sempre um deleite ler algo escrito por alguém que está saturado pela Escritura. Este é um desses livros."

Douglas Wilson, Professor Sênior de Teologia,
Nova Faculdade de St. Andrew; Pastor, Igreja de Cristo,
Moscou, Idaho

"Quer conhecer melhor a sua Bíblia? Claro que sim! Jim Hamilton pode ajudar. *O que é Teologia bíblica?* é um manual para ver como os muitos livros da Bíblia contam a única história de Jesus Cristo: quem ele é e o que ele fez. Dr. Hamilton o ajudará a amar mais a Jesus, ao compreender melhor a sua Bíblia".

C. J. Mahaney, Pastor, Igreja da Graça Soberana,
Louisville, Kentucky

James M. Hamilton Jr.

O QUE É TEOLOGIA BÍBLICA?

Um guia para a história, o simbolismo e os modelos da Bíblia

H218 Hamilton, James M., 1974-
O que é teologia bíblica? : um guia para a história, o simbolismo e os modelos da Bíblia / James M. Hamilton Jr. – São José dos Campos, SP : Fiel, 2016.

123 p.
Tradução de: What is biblical theology? : a guide to the Bible's story, symbolism, and patterns
ISBN 9788581323558

1. Bíblia – Teologia. 2. Bíblia – Introduções. I. Título.

CDD: 230/.041

Catalogação na publicação: Mariana C. de Melo Pedrosa – CRB07/6477

O que é Teologia Bíblica? Um guia para a história, o simbolismo e os modelos da Bíblia
Traduzido do original em inglês
What Is Biblical Theology? A Guide to the Bible's Story
por James M. Hamilton

■

Publicado por Crossway Books,
Um ministério de publicações de
Good News Publishers
1300 Crescent Street
Wheaton, Illinois 60187, USA.

Primeira edição em português 2016

■

Diretor: Tiago J. Santos Filho
Editor: Tiago José dos Santos Filho
Tradução: Elizabeth Gomes
Revisão: Elaine Regina Oliveira dos Santos
Diagramação: Rubner Durais
Capa: Rubner Durais

ISBN: 978-85-8132-355-8

Caixa Postal 1601
CEP: 12230-971
São José dos Campos, SP
PABX: (12) 3919-9999
www.editorafiel.com.br

Para nossa filhinha, Evie Caroline

Que você seja vestida de linho finíssimo,
brilhante e puro, para as bodas do Cordeiro.
(Ap 19.7-8)

Sumário

Capítulo 1

SURGE UM MUNDO MELHOR

Sentado em sua poltrona, lutando para respirar, ele virou a cabeça em direção à esposa, fez sinal na direção de meus três filhos e disse: é bom que eles estejam aqui.

Olhando para mim, continuou, engasgando ao emitir as palavras: "Queríamos esconder coisas como essas. Mas, é bom que os meninos vejam que estou morrendo. A morte é real."

Mais tarde naquela noite, a sua esposa havia mais de cinquenta anos, ficou viúva.

Sabendo que a vida deixava o seu corpo, ele viu além de nossa cultura medicada, higienizada, hedonista. Não podia mais ignorar a morte, e estava convicto de que as outras pessoas também não deveriam ignorá-la. Não havia como evitar; de frente ele a encarava, afirmando a bondade da história verdadeira do mundo. A morte que se aproximava era como um vento forte que soprava para longe toda a neblina da falsidade. Irrompeu um entendimento melhor do mundo, do mesmo modo que havia entrado desde que ele nascera de novo.

O que pensamos e como vivemos é determinado, em grande parte, pela história maior na qual interpretamos nossas vidas. A sua história o torna capaz de encarar a morte de frente? A sua história lhe oferece uma esperança que vai além do túmulo?

Nas agruras da morte daquela noite, meu irmão mais velho em Cristo estava rejeitando as falsas histórias do mundo. Ele recusou viver seus últimos momentos iludido por histórias que finjam que a morte não é real ou que se deva temer o que se encontra além dela.

Ele não teria colocado nessas palavras, mas o que estava afirmando era que é bom que as crianças vissem que a história da Bíblia é verdadeira. Isso é o que queria dizer, quando falou que era bom os meus filhos (na época com idade de seis, três e um ano) estivessem ali, quando o seu corpo lutava nos momentos em que mais falhava. Será que vai precisar da proximidade da sua própria morte para que você rejeite as falsas histórias em favor da realidade?

O mundo possui uma história verdadeira, que é contada pela Bíblia. É a Bíblia que a relata. Este livro trata da grande história da Bíblia, e como nos tornamos pessoas que vivem nessa história. Fazer teologia bíblica é pensar em toda a história da Bíblia. Queremos entender o desenvolvimento orgânico do ensino da Bíblia, de forma a interpretar partes específicas da história à luz do todo. Como uma bolota se torna em carvalho, Gênesis 3.15 cresce e se torna as boas novas de Jesus Cristo.

Um dos principais objetivos da teologia bíblica é entender e abraçar a cosmovisão dos autores bíblicos. Para isto, temos que conhecer a história que eles acatavam como fato, as conexões que eles viam entre os eventos dessa história, e a forma de ler partes da história que vieram depois pela luz que emana de suas partes anteriores.

A Bíblia possui um arco narrativo que começa com a criação, sobe acima de tudo que já foi e que será, e aterriza no final de todas as coisas. As partes proféticas e poéticas da Bíblia oferecem comentário interpretativo sobre a história, e os apocalipses desvendam o modo como são as coisas e como elas serão.

A grande história da Bíblia, essa narrativa que a tudo engloba, é construída também por histórias menores. Ao mesmo tempo, as histórias contadas no Antigo Testamento trabalham juntas para estabelecer um mistério que é solucionado em Cristo. Você já observou as indicações e dicas que se sobrepõem até o clímax do Apocalipse?

Vamos pensar mais no que é teologia bíblica, para então nos voltarmos à grande história da Bíblia, os símbolos que resumem e interpretam a história e o lugar da igreja em tudo isso.

Capítulo 2

O QUE É TEOLOGIA BÍBLICA?

O que é teologia bíblica? A frase *teologia bíblica*, aqui, é usada para referir-se à perspectiva interpretativa dos autores bíblicos.

O que é uma "perspectiva interpretativa"? É a estrutura de conjeturas e pressuposições, associações e identificações, verdades e símbolos que são tomados como certos, quando um autor ou orador descreve o mundo e os eventos que ocorrem dentro dele.

Que é que os autores bíblicos usaram para interpretar essa perspectiva? Primeiro, os autores bíblicos tiveram Escrituras anteriores, ou, no caso do primeiro autor documentado (Moisés), os relatos das palavras e obras de Deus que foram passadas até ele.

Segundo, interpretaram a história do mundo desde a criação até a sua consumação.

Terceiro, interpretaram os eventos e as afirmações que descreveram. Moisés não contou *tudo* que Balaão disse e fez, nos relatos apresentados em Números 22–24. Moisés selecionou o que queria, arranjou-o com cuidado e apresentou a história verdadeira. A apresentação dos oráculos de Balaão, que Moisés fornece no livro de Números, já é uma interpretação deles, e porque creio que Moisés foi inspirado pelo Espírito Santo, considero que a sua interpretação torna o seu relato dos oráculos de Balaão *mais*, e não menos, verdadeiros. Mais verdadeiros, porque o modo como Moisés selecionou, arranjou e apresentou (ou seja, interpretou) o relato faz com que sua audiência veja mais claramente como o que disse e fez Balaão se encaixa na verdadeira história do mundo do qual Moisés nos fala no Pentateuco.

Em suma, com a frase *teologia bíblica* quero dizer a perspectiva interpretativa refletida no modo como os autores bíblicos apresentaram sua compreensão de Escrituras anteriores, da história redentiva, e dos eventos que eles descrevem, relatam, celebram, ou tratam nas narrativas, poemas, provérbios, cartas e apocalipses.

A sentença anterior menciona vários tipos de literatura. A Bíblia é um livro, e os homens que escreveram os sessenta e seis livros que fazem parte da Bíblia eram autores envolvidos. Isso quer dizer que temos de pensar sobre a literatura, ao pensarmos na interpretação da Bíblia. Um breve guia como este não pode exaurir esses tópicos, mas pode apontar o caminho e oferecer dicas sobre como permanecer nele. Nossa luta não é contra carne e sangue. O estudo da teologia bíblica é como uma busca por derrubar fortalezas com as poderosas armas de Deus, em que aprendemos a "destruir fortalezas, anulando nós sofismas e toda altivez que se levante contra o conhecimento de Deus, e levando cativo todo pensamento à obediência de Cristo" (2 Co. 10.3–5).

Bem vindo a este ponto de entrada no caminho para tornar-se teólogo bíblico. Com o auxílio do Senhor, essa busca o levará a outro mundo, o mundo do pensamento que é a teologia bíblica.

Aqui no início, permita que eu diga o que a teologia bíblica não é — pelo menos na minha opinião. Algumas pessoas usam a frase *teologia bíblica* para significar algo diferente do que eu sugeri acima. Ainda que usemos a mesma frase, aproximamo-nos do assunto de modo muito diferente. Por *teologia bíblica* não quero dizer que "a minha teologia é mais bíblica do que a sua". Também não estou me referindo àquela vara de medida que alguns biblicistas usam para fustigar o teólogo sistemático incauto que aparece. (Certa vez, por exemplo, ouvi um estudante bíblico declarar: "a teologia sistemática é ruim; a teologia bíblica é boa").

Depois do Iluminismo, certas maneiras de pensar sobre o mundo saíram de moda na academia. Especialmente, o da Bíblia. Os hereges, que se apresentavam como corajosos livres pensadores, excluíram ideias que haviam prevalecido entre os estudantes da Bíblia — ideias bíblicas sobre a soberania de Deus, a inspiração da Escritura e a coerência e unidade da mensagem da Bíblia.

A história contada pela Bíblia foi rejeitada, e uma alternativa colocada em seu lugar. A evidência para essa narrativa alternativa existe "na imaginação dos estudiosos". Essa narrativa alternativa possui sua própria linha de tempo, seus próprios autores, e seu próprio relato sobre o que realmente foi escrito: desenvolvimento evolutivo, ideologias competitivas, a hipótese de documentários, e assim por diante. Nesta leitura, o que dizem os textos bíblicos e a história que a Bíblia nos conta é mera propaganda.

Já vimos um mundo de respostas à influência do (assim chamado) Iluminismo, quanto à interpretação bíblica. Podemos dizer que as respostas percorrem a gama toda de polo a polo.

No Polo Sul, a resposta liberal do Renascimento foi desenvolver a disciplina acadêmica da teologia bíblica como uma maneira de peneirar o trigo do joio. Os acadêmicos liberais procuraram discernir quais partes da teologia da Bíblia continuavam relevantes e que partes não eram mais relevantes. Alguém que fizesse teologia bíblica desta forma, hoje em dia, poderia empregar esse método, argumentando que a Bíblia endossa o casamento entre pessoas do mesmo sexo e denunciar a utilização de combustível fóssil. Se o texto como um todo não for *autoritativo*, ele se conforma facilmente à nossa agenda particular.

Do Polo Norte, a resposta conservadora ao Iluminismo, em muitos pontos, buscava usar a teologia bíblica para reafirmar a unidade da Bíblia. Num esforço para estabelecer terreno comum e persuadir os céticos, os conservadores concediam as ideias que os liberais rejeitavam. Estavam tentando provar a coerência da Bíblia para aqueles que achavam ter esmigalhado a sua unidade, apelando para métodos e pressuposições desenvolvidos e aprovados pela corporação dos descrentes. Tais métodos e pressuposições naturalmente colocavam limites sobre o que a Bíblia poderia dizer.

Existe, é claro, um vasto território entre estes dois polos, com muito espaço para uma variedade de programas de "teologia bíblica". Pode haver um acadêmico formado no Polo Sul (em ambiente liberal) que critique os excessos da "Antártida" (do outro extremo), sob uma perspectiva teológica bíblica. Os conservadores ficam bastante empolgados com estes tipos. Ou podemos ter um estudioso treinado no Polo Norte que negue a existência de um verdadeiro norte. Tais acadêmicos se encontram como os queridinhos dos publicadores pós-evangélicos.

O que tem de se notar quanto a estes polos é que eles encontram-se no mesmo planeta. Ou seja, os teólogos bíblicos fazem seu trabalho dessa forma, quer comecem pelo polo Norte ou Sul — todos vivem no mesmo mundo, respiram o mesmo ar, compartilham os mesmos pressupostos. Mas, o que diríamos se a teologia bíblica fosse uma ponte que vai a outro lugar? O que diríamos, se fosse uma maneira de sair de um mundo para entrar em outro?

Este livro não tenta ser uma bússola que se pode usar para ir ao norte ou para o sul. Este livro procura ajudá-lo a encontrar tesouro em meio ao lixo. O modo de pensar modelado e ensinado pelos autores da Bíblia foi rejeitado, mas quando retiramos essas ideias do lixo, descobrimos que valem mais que a pintura de um milhão de dólares *Tres Personajes*, que Elizabeth Gibson encontrou no lixo de uma rua, na cidade de Nova York.

Nosso alvo é traçar os contornos da rede de pressupostos que é refletida nos escritos dos autores bíblicos. Se pudermos ver o que os autores bíblicos presumiam a respeito da história, dos símbolos e da igreja, teremos um vislumbre do mundo como eles o viam. Ter um vislumbre do mundo conforme eles viam é ver o mundo real.

Apresso-me para acrescentar que foi o Espírito Santo que inspirou os autores bíblicos. Isso lhes deu um nível de certeza sobre suas conclusões interpretativas que nós não possuímos sobre as nossas, porque o Espírito Santo não nos inspira nem garante a nossa inerrância. Se o fizesse, os nossos livros teriam de ser acrescentados ao cânon da Escritura, o que não é o caso. Mesmo assim, somos chamados a seguir os apóstolos como eles seguiam a Cristo (cf. 1 Co 11.1), e uma parte de fazer isso é aprender a interpretar a Escritura, a história redentiva e os acontecimentos que ocorrem conosco conforme faziam os autores bíblicos, ainda que a certeza absoluta nos fuja.

Estou sugerindo que a Bíblia ensina aos cristãos como a Bíblia deve ser lida. Estudar teologia bíblica é a melhor maneira de aprender da Bíblia, como ler a Bíblia conforme deve fazer o cristão. Da mesma forma, o estudo da Bíblia é a melhor forma de se aprender.

Como é que o seguidor de Jesus deve ler a Bíblia? Do jeito que Jesus fazia. Jesus de Nazaré não escreveu nenhum dos livros da Bíblia, mas ensinou aos escritores do Novo Testamento como interpretar a Escritura anterior, a história redentiva e os eventos que elas narravam e tratavam. No nível humano, Jesus aprendeu a perspectiva interpretativa que ensinou aos seus discípulos de Moisés e dos Profetas.

Portanto, defendo que os autores bíblicos operavam de uma perspectiva interpretativa compartilhada. Eles habitavam o mesmo mundo de pensamento, respiravam o mesmo ar e partilhavam de suas suposições. O mundo em que viviam não era o de Darwin. Em seu mundo, é possível que encontremos coisas pelas quais não temos analogia e das quais não temos experiência. Não há analogia para o Deus da Bíblia. Ele permanece só. Nós o experimentamos somente se ele se revelar. Na Bíblia, ele fez exatamente isto. Como chegamos a conhecê-lo? Da revelação que ele faz de si mesmo, de aprender a ler a Bíblia da própria Bíblia. Aprender a ler a Bíblia é aprender a entender este mundo da perspectiva dos autores bíblicos, que é aprender uma perspectiva divinamente inspirada.

Moisés aprendeu e desenvolveu a capacidade de ver o mundo dessa forma através dos relatos das palavras e obras de Deus, que ele recebeu de sua contemplação daquilo que Deus fez em sua própria vida e da inspiração do Espírito de Deus. Os autores bíblicos que seguiram a Moisés no Antigo Testamento, quer historiadores, profetas, salmistas, ou sábios, aprenderam a perspectiva interpretativa que Moisés modelou a eles e que foi confirmada por outras Escrituras disponíveis. Jesus aprendeu a ler a Bíblia, a história e vida de Moisés e dos Profetas; e ele ensinou esta perspectiva a seus seguidores (Lucas 24). O que encontramos, portanto, no Novo Testamento, é a interpretação bíblica ensinada por Cristo e inspirada pelo Espírito.

Os autores bíblicos modelam uma perspectiva para a interpretação da Bíblia, da história e dos acontecimentos da atualidade. Devemos adotar essa perspectiva, hoje em dia? Absolutamente sim. Por quê? Estou convicto de que os autores bíblicos foram inspirados pelo Espírito Santo, que Deus os guiou à verdade por seu Espírito e que, portanto, eles acertaram naquilo que escreveram.

Estou confiante de que os apóstolos entenderam corretamente e acertaram, e os que seguem a Jesus (cristãos!) deveriam seguir aos apóstolos, conforme eles seguiam a Jesus (cf. 1 Co 11.1). Tenho confiança também de que, mesmo enquanto buscamos seguir a Jesus ao seguirmos os apóstolos, nós cometeremos erros. A história da interpretação está cheia de erros. Vemos agora, "como em espelho, obscuramente; então, veremos face a face. Agora, conheço em parte; então, conhecerei como também sou conhecido" (1 Co 13.12). Novamente, o fato de que o Espírito não está garantindo a inerrância das nossas conclusões não significa que devamos adotar uma perspectiva não bíblica ou antibíblica ao lermos a Bíblia, pensar sobre a história redentiva ou procurar compreender as nossas próprias vidas. Significa, sim, que nós devemos segurar com humildade as nossas conclusões, lutando contra aquele inimigo máximo e permitir que a Bíblia nos corrija.

Nessa altura, espero que você queira mais — mais da Bíblia, principalmente, como também mais informação sobre como compreender e abraçar o conjunto de suposições modelado pelos autores bíblicos. Conforme mencionamos acima, um curto livro como este é como ficar ao lado do caminho que leva até a ponte que conduz a um mundo diferente. Os "Jabberwock" e "Frumious Bandersnatch" (monstros imaginários) espreitam o caminho, e podemos nos arriscar a partir deste ponto. Escrevo este livro porque estou convencido de que o mundo a que este caminho conduz vale qualquer risco para ser encontrado.

Existem descrições detalhadas deste caminho, até mesmo turnês dirigidas dele, mas para aqueles que têm a oportunidade e um espírito aventureiro, eis o que este livro tem para você. O resto se encaixa em três partes: a primeira apresenta a grande história da Bíblia, a segunda olha o modo com que os autores bíblicos usam os símbolos para resumir e interpretar esta história, e a terceira considera o papel da igreja nesta história.

Assim, as três partes do livro podem ser resumidas por três palavras: *história*, *símbolo* e *igreja*. Obviamente, há muito mais que poderia ser dito sobre a teologia bíblica, mas estas são as três coisas sobre o caminho até a ponte para outro mundo que enfocaremos aqui: a metanarrativa que está sobre tudo na grande história da Bíblia, o modo como os autores bíblicos usam os símbolos-chave para sumarizar e interpretar essa história, bem como o lugar da igreja nela.

Se a teologia bíblica for um meio de entrar em outro mundo — o mundo habitado pelos autores bíblicos — você tem o direito de compreender as minhas intenções. A minha esperança é que você possa cruzar a ponte para o seu mundo de pensamento e nunca mais voltar atrás. Espero que você respire o ar do mundo da Bíblia, reconheça que ele é o verdadeiro Nárnia, e jamais queira deixá-lo.

Se isso ocorrer, você terá vindo habitar a história da Bíblia. A minha oração é que os seus símbolos e modelos formulem o modo como você enxerga o mundo, e que seu entendimento do lugar da igreja na história e nos símbolos faça com que conheça a riqueza da glória da sua herança nos santos (Ef 1.18), o grande poder "o qual exerceu ele em Cristo, ressuscitando-o dentre os mortos e fazendo-o assentar à sua direita nos lugares celestiais" (1.20), e a glória que ele demonstra na igreja e em Cristo Jesus para sempre (Ef 3.21).

Em suma, espero que você adote a perspectiva dos autores bíblicos, e que leia o mundo da perspectiva da Bíblia, em vez de ler a Bíblia da perspectiva do mundo.

PRIMEIRA PARTE:

A GRANDE HISTÓRIA DA BÍBLIA

Capítulo 3

A NARRATIVA

Do que é feita a narrativa? As narrativas têm ambiente, caracterização e trama. As tramas (ou enredos) são feitas de episódios e conflitos e, se bem sucedidas, elas comunicam temas.

CENÁRIO

A Bíblia está situada no mundo conforme nós o conhecemos. A maior parte de sua história acontece nos três pontos de terra ao redor do Mar Mediterrâneo, mas a história trata do mundo todo. A Bíblia apresenta uma interpretação de seu próprio cenário que chega ao significado e propósito deste mundo que Deus criou.

Shakespeare mostrou sua genialidade em um teatro chamado *Globo*. O lugar tinha um nome apropriado, pois nele Shakespeare erguia o espelho para a natureza e retratava o mundo como ele é. Este mundo real em que Deus mostra sua genialidade é o arquétipo do teatro onde Shakespeare mostrava sua genialidade. Deus construiu esse palco para demonstrar sua arte. O mundo é um teatro que exibe a glória de Deus.

Deus elaborou o palco (criando o mundo) para que houvesse um lugar onde ele é conhecido, servido, adorado, e estará sempre presente. Os lugares onde os deuses eram conhecidos, servidos, adorados e estavam presentes são chamados templos. Deus construiu a terra como o seu templo, e nela ele colocou sua imagem e semelhança. O ambiente criado por Deus é um templo cósmico; a imagem que Deus colocou nesse templo, para representar a si mesmo, é a humanidade. Tudo que Deus criou era bom, mas as personagens nesse drama se rebelaram contra Deus e profanaram o seu templo. Em resposta ao pecado de Adão, Deus sujeitou a criação à escravidão, mas ofereceu a esperança de que haveria uma restauração.

Não percamos de vista as conexões entre o palco e as personagens. Deus criou e é dono do cenário. É dele. É para ele. Trata sobre ele.

O cenário mundial da história da Bíblia é apresentado como templo cósmico de Deus. O tabernáculo e, mais tarde, o templo que Deus deu a Israel eram microcosmos: versões em pequena escala do cosmos (Salmo 78.69). Tal compreensão do cenário da história tem implicações para os personagens dessa história: afirmar que o mundo é um templo cósmico quer dizer que é um lugar onde Deus é conhecido, servido, presente e adorado. As personagens humanas no templo são o que é real, e são reproduzidas e imitadas pelos idólatras que edificam templos a falsos deuses para, então, colocar "imagens" de pedra ou madeira desses deuses em seus templos. Na história verdadeira, a imagem de Deus, no templo de Deus, é um ser humano vivo, que respira e adora.

Existem também os inimigos: a serpente e sua semente procuram usurpar a Deus, mas tudo o que conseguem é a profanação (temporária) do templo de Deus.

Como o ambiente da história está relacionado às personagens dessa história, também o cenário é chave para a trama. A trama começa com a construção do templo cósmico, que foi aviltado pelo pecado. Porém, uma vez maculado, Deus faz afirmações que sugerem a restauração. Eventualmente, Deus dá à nação de Israel uma versão em pequena escala do cenário, um microcosmo, quando lhes dá primeiro o tabernáculo e, mais tarde, o templo. Os juízos que vêm sobre os microcosmos (quando o tabernáculo e o templo são destruídos) apontam adiante para o juízo que Deus trará sobre o macrocosmo (o mundo), e então Deus dará um novo e melhor templo cósmico, novo céu e nova terra. Nesta restauração, Deus fará com que as coisas sejam melhores do que eram no princípio.

PERSONAGENS

Sem ofender — você não é a personagem principal da grande história do mundo. Uma das melhores coisas que podem acontecer é a descoberta de nosso papel na história real do mundo.

O Deus trino é o protagonista desse drama cósmico, sendo Satanás o antagonista (infinitamente vencido). Existem outros seres celestiais envolvidos na história. Deus e Satanás estão em conflito, cada qual buscando obediência dos seres humanos criados à imagem de Deus. Protagonista e antagonista contendem pelo domínio sobre o mundo que Deus criou. Não precisa ser um gênio para predizer vitória do Criador, mas é necessário o poder do Espírito para tomar o seu lado.

Os humanos são, ou semente da mulher, ou semente da serpente. A palavra hebraica traduzida como "semente", "prole" ou (menos afortunadamente) "descendente" no português, pode se referir a *uma* "semente" ou a *um bocado de* "sementes". Existem manifestações individuais (Gl 3.16; Ap 12.5) e coletivas (Rm 16.20; Ap 12.17) da semente da mulher e da semente da serpente na Bíblia. Existem os bons e os maus.

Aqueles que chamam pelo nome do Senhor (Gn 4.26; Rm 10.13) são "nascidos de Deus" e "a semente de Deus permanece" neles (1 João 3.9). Foram vivificados pelo Espírito Santo (João 3.5-8; Ef 2.5). São a semente coletiva da mulher contra a qual o antigo dragão, que é o diabo e Satanás, se ira (Ap 12.17). Eles confiam na singular semente da mulher, que os salvou ao esmagar a cabeça da serpente (Gn 3.15; João 12.31). Os caras de chapéu preto, rebeldes que se aliam contra o Senhor e seu ungido (Sl 2.1-3), são semente da serpente (Jo 8.44). A semente da serpente não são literalmente cobras, mas pessoas que falam e agem como o dragão (cf. Rm 16.17-20; Ap 13.11). Como seu pai, o diabo, desonram aqueles a quem Deus abençoa e, por isso, Deus os amaldiçoa (Gn 3.14-15; 4.11; 9.25; 12.3).

Deus amaldiçoou a serpente e a sua semente: à serpente ele disse: "Maldita és" (Gn 3.14), e disse então as mesmas palavras a Caim, depois que ele matou a Abel (Gn 4.11). Depois, Canaã foi amaldiçoado após o pecado de Cam contra Noé (Gn 9.25), e Deus disse a Abraão que ele amaldiçoaria aqueles que o desonrassem (Gn 12.3). Os que matam, como Caim, exaltam a si mesmos como Lameque (Gn 4.23), zombam como Cam, e se opõem aos propósitos de Deus ao lutar contra Abraão e seus descendentes, pertencem, nas palavras figurativas de Jesus, a seu pai, o Diabo (João 8.44). São semente da serpente, ou, nas palavras de João Batista, "raça de víboras" (Mt 3.7).

Em contraste é cuidadosamente traçada uma linha de descendência por todo o Antigo Testamento, começando com Adão, passando por Noé até Abraão, Isaque e Jacó, e continuando por Davi até Jesus, o Messias. As genealogias da Bíblia preservam com cuidado esta linha de descendência desde Adão até Jesus. Jesus é a semente singular da mulher. Aqueles que assumem as promessas de Deus e se alinham com os propósitos de Deus se identificam com o Prometido pela fé. São a semente coletiva da mulher.

Quando Deus criou o palco, o templo cósmico, ele deu domínio sobre ele ao homem e sua mulher (Gn 1.28). Quando eles pecaram, Satanás roubou o controle como "príncipe dos poderes do ar", e com ele estão os "filhos da desobediência", os "filhos da ira" (Ef 2.2-3). Deus prometeu, porém, que o filho de Davi reinaria (Sl 110). Ele receberá o domínio sobre o templo cósmico restaurado de Deus (Ap 11.15-19).

Que parte você desempenha neste drama? Você já abraçou o papel ao qual você foi criado para atuar, ou está tentando ser Deus? Você está com Deus, que triunfará, ou com Satanás, que por enquanto parece bem?

ENREDO

Nos termos mais amplos, o enredo da Bíblia pode ser resumido com quatro palavras: *criação*, *queda*, *redenção* e *restauração*. Esta não é a história de Satanás. Ele introduziu o conflito da trama que será resolvido. Ele será vencido. Não tome o partido dele, não o ajude nem apoie suas causas, e não inveje aqueles que tomam o partido dele.

Deus criou um templo cósmico. A boa criação de Deus foi profanada pelo pecado que resultou da tentação da serpente, que acaba sendo o arqui-inimigo que procura usurpar o trono de Deus.

Deus respondeu ao orgulho de Satanás com a humildade de Jesus. Deus respondeu à rebeldia de Satanás com a obediência de Jesus. Toda a miserabilidade e fúria de Satanás é vencida pela graça e amor de Jesus, que pela alegria que lhe estava proposta suportou a cruz (Hb 12.2). Essa cruz é a grande virada da trama: o herói há muito esperado veio, e não somente foi rejeitado como também morto. Verdadeiramente morto. Posto na tumba. Então, a esperança ressurgiu da morte. A morte de Cristo não foi sua derrota, mas sua conquista. Deus julgou o pecado, o condenou, e Cristo morreu na cruz para pagar a penalidade do pecado. Pelo juízo que recaiu sobre Jesus, Deus salva a todos quantos confiam nele. Sendo as demandas da justiça satisfeitas pela morte do Filho, o Pai demonstra misericórdia aos que se arrependem e creem. Jesus morreu para dar vida abundante (João 10.10), para completar a alegria (João 15.11).

Uma das muitas grandes realizações de Deus, como autor de todas as coisas, é que ele fez isso acontecer. Deus orquestrou os acontecimentos que realizaram a salvação. Ele enviou o Redentor, que não foi aceito, mas rejeitado, não recebido com aclamação, mas assassinado e, por meio disso, Deus garantiu a resolução da trama.

Um dos grandes méritos dos autores bíblicos é que eles conseguem contar esta história com tamanha habilidade que nós jamais recuamos da Bíblia, balançando a cabeça e deixando de lado essa história como inacreditável. Os autores contam tão bem a história, que nós não somente cremos que os judeus rejeitaram e mataram seu próprio Messias, como também entendemos como esses acontecimentos se passaram. Soa verdadeiro.

O enredo culminará com a volta de Jesus para julgar seus inimigos e salvar seu povo. As pessoas que Jesus salvou saberão, servirão e adorarão a Deus, vendo sua face em um novo templo cósmico, novo céu e nova terra. O enredo será resolvido. As personagens serão transformadas à imagem de Cristo. E o mundo, o ambiente ou palco em que elas se encontram, será renovado, refeito.

Não é um alívio saber que o enredo do mundo não se limita ao breve tempo de nossas vidas? Damos sentido a nossos dias, à luz dessa narrativa que cobre tudo. A grande trama da Bíblia, com sua garantia de ressurreição e nova criação, dá confiança mesmo em face da morte. A grande história da Bíblia abre as janelas dos cômodos sem graça e sufocantes de últimos prazos e datas de entrega, mortes e desapontamentos, deixando que soprem por elas as brisas frescas da criação para a nova criação.

Agora que vimos o enredo por cima, voltamos para outro vislumbre do grande conflito que o impulsiona e alguns de seus principais episódios, e nestes nós vemos seu tema principal.

Capítulo 4

ENREDO: CONFLITO, EPISÓDIOS E TEMAS

CONFLITO

O príncipe da potestade dos ares, a antiga serpente que é o Diabo e Satanás, se envolveu em uma campanha cósmica para derrubar o Senhor do mundo, tirar de Deus Pai aquilo que, por direito, pertence somente a ele. Satanás e sua semente estão em guerra contra Deus e seus filhos (Ef 6.12; 1 João 3.9-15).

No mistério de sua sabedoria, Deus escolhe para si pessoas que em sua maior parte são fracas e insignificantes. Ele não deseja jactância humana (1 Co 1.29), e quer que dependamos dele, não de nós mesmos (2 Co 1.9). Quando Deus começa a fazer uma grande nação de um dos descendentes humanos, ele começa com um homem cuja mulher era estéril. Quando ele quer escolher um rei, escolhe um rapaz cujo próprio pai não acreditava que ele pudesse ser rei, de modo que, vindo o profeta para ungir um dos seus filhos, Jessé nem chamou a Davi, até que Samuel tivesse passado por todos os seus irmãos mais velhos (1 Sm 16.10-11). Quando Deus quer salvar o mundo, ele envia seu Filho como bebê, nascido de uma moça camponesa em circunstâncias questionáveis, e o envia não a uma grande capital mundial, mas para um pequeno vilarejo na Galileia. É quase como se Deus desse uma largada inicial mais fácil para o oponente que jamais correrá mais que ele.

Satanás sempre *parece* tirar vantagem em tudo. A semente da serpente sempre impressiona pelos padrões mundanos, e eles não se retraem de táticas draconianas: Caim mata a Abel; Israelitas ímpios rejeitam a Moisés; Saul persegue Davi; os líderes judeus crucificam Jesus; e o mundo tem tratado os cristãos da mesma forma que tratou Jesus.

Porém, Deus ressuscita os mortos, e se algo é impossível aos homens, tudo é possível para Deus. Assim, em face do que aparenta ser o triunfo dos maus, toda a fraqueza e loucura do amor e humildade, alegria e esperança mostram o poder e sabedoria do Deus verdadeiro e vivo, contra o qual nenhum inimigo prevalecerá.

Isto acontece repetidas vezes, conforme veremos ao olhar os episódios da trama.

EPISÓDIOS DA TRAMA

Uma trama é composta de eventos ou episódios. Aqui, quero chamar atenção a cinco episódios no enredo da Bíblia: o exílio do Éden, o êxodo do Egito, o exílio da terra, a morte de Jesus sobre a cruz e a promessa de sua volta em glória.

Exílio do Éden. Adão e sua mulher estavam no lugar perfeito, onde havia uma só proibição. Eles a transgrediram. Tentaram se cobrir. Ouviram passos. Entraram em pânico. Se esconderam. Deus havia criado esse lugar. Eles eram responsáveis perante ele. Quebraram a sua lei. Ele havia prometido a morte por isso. Eles pegaram folhas de figueira. Não havia onde se esconder. Deus os chamou — e com palavras de juízo, embutiu esperança.

Êxodo do Egito. Deus enviou dez pragas. O primogênito morreu. O sangue do cordeiro marcou os umbrais das portas. O pão asmo foi comido às pressas. Como no dilúvio, as águas se fecharam sobre os rebeldes. Como Noé foi salvo pelas águas, Israel passou o Mar Vermelho em terra seca.

Os autores bíblicos posteriores trataram os eventos do êxodo como um paradigma da salvação de Deus. Os detalhes são dignos de nota: Moisés flutuou em uma arca coberta de piche sobre águas em que outros morreram (sombras de Noé). Deus humilhou o forte e orgulhoso Faraó, por meio das dez pragas e a morte do primogênito. Deus identificou a nação de Israel como o seu filho primogênito. A morte do cordeiro da Páscoa redimiu os primogênitos de Israel. O povo fugiu para o deserto, tendo despojado os egípcios, e foram batizados na nuvem e no mar (1 Co 10.2).

Deus sustentou seu povo no deserto com maná do céu e água da rocha, alimento e bebida espiritual que nutriu esperança pelo prometido redentor (1 Co 10.3-4). Deus entrou em aliança com Israel no Monte Sinai, e deu-lhes instruções para a construção do tabernáculo, símbolo do universo. Deus, então, encheu o microcosmo — a versão em pequena escala do cosmos — com a sua glória, mostrando a Israel o seu propósito para todas as coisas. Israel viajou rumo à Terra da Promessa, que era habitada por gigantes, a quem o pequeno exército com tecnologia inferior venceu, por meio de estratégias de batalha fracas e tolas (marchar ao redor da cidade por sete dias e os muros cairão).

Exílio da terra. Uma vez na Terra prometida, Israel fez exatamente o que Moisés profetizou que fariam (Dt 4.26-31). A nação de Israel era como um novo Adão, em novo Éden.

Como Adão, eles transgrediram. Como Adão, eles foram expulsos. Como Adão, eles saíram com palavras de esperança embutidas nas denúncias proféticas. Idolatria e imoralidade fizeram com que ouvissem os passos, o som de Iavé vindo na fresca da tarde, mas, desta vez, os passos vinham de botas de soldados marchando pesadamente. Os profetas lhes disseram que o juízo de Deus seria como novo dilúvio: nuvens de tempestade se ajuntariam, os céus escureceriam e as águas derramariam. Não seria literalmente água, mas um exército (Is 8.7-8). O exército estrangeiro deixou as cidades desoladas, a terra destruída e o templo em ruínas. O exílio da terra era uma descriação. O templo, símbolo do mundo, derrubado. Sol escuro, lua em sangue, montanhas derretidas.

Quando Deus chamou Adão e Eva para prestar contas por seu pecado, palavras de esperança estavam embutidas no juízo que Deus declarou à serpente. Quando Deus chamou Israel para prestar contas por seu pecado, palavras de esperança estavam embutidas no juízo que Deus falou pelos profetas. Anunciando que Deus expulsaria Israel da terra, os profetas declararam também que Deus salvaria a Israel, como ele fizera no êxodo — um novo êxodo (Is 11.11-16); que Deus levantaria um novo Davi (Os 3.5); que Israel entraria em novo pacto com Iavé (Jr 31.31; Os 2.14-20); que, como o Espírito foi dado a Moisés e aos setenta anciãos, ele seria derramado sobre toda a carne — uma nova experiência do Espírito (Joel 2.28-32); que haveria nova conquista da terra (Os 2.15), que se tornaria, ela mesma, novo Éden (Is 51.3; Ez 36.35). Disto tudo vemos uma verdadeira chave, digna de destaque: *Os profetas de Israel usaram o paradigma do passado de Israel para predizer o futuro de Israel.*

A cruz. Em seu ensino antes da cruz, e quando abriu o entendimento deles depois dela (Lucas 24), Jesus ensinou os discípulos a compreendê-lo por meio dos acontecimentos paradigmáticos da queda, do dilúvio, do êxodo e do exílio. Noutras palavras, os eventos da história de Israel funcionam como esquemas ou matizes e são usados para comunicar o significado de quem era Jesus e o que ele realizou. Por isso é que João Batista preparou o caminho para Jesus com palavras de um texto de "volta do exílio" (veja o uso das palavras de Isaías 40.3, em João 1.23). Esta é a razão pela qual Mateus destaca como Jesus recapitula a história de Israel — nascido de uma virgem, ameaçado na infância por Herodes, como o infante Moisés foi ameaçado por Faraó, chamado do Egito, tentado no deserto, aclamado como cordeiro, expulso ao exílio em sua morte, ressurreto para trazer restauração.

Deus salvou seu povo pelo juízo que caiu sobre Jesus, cumprindo o modo como os salvou do juízo na queda, no dilúvio, no êxodo e no exílio.

Jesus é o novo Adão, cuja obediência vence o pecado de Adão (Rm 5.12–21). Deus identificou Israel como seu filho, e Jesus veio como representante de Israel, o Filho de Deus. Jesus redimiu seu povo da maldição da lei, tornando-se em maldição (Gl 3.13), tornando possível aos gentios receber a bênção de Abraão nele (Gl 3.14). Jesus cumpriu tipologicamente a morte substitutiva do cordeiro da Páscoa — nenhum de seus ossos foi quebrado (João 19.36; 1 Co 5.7) — quando morreu para iniciar o novo êxodo. Os autores do Novo Testamento falam dos cristãos como sendo os que foram libertos da escravidão, vivificados, que se movem em direção à Terra Prometida, exilados que retornam ao seu verdadeiro lar, a cidade que tem fundamentos. Toda a história da Bíblia depende da morte e ressurreição de Jesus para realizar a redenção, e ela culminará na volta de Jesus em juízo para consumar o seu reino.

A volta prometida. Daniel 7.13 fala do filho do homem que virá nas nuvens do céu para receber o domínio eterno (cf. Gn 1.28), e em Atos 1.9-11, Jesus ascendeu ao céu e foi recebido nas nuvens, com um anjo anunciando que Jesus voltará, assim como foi visto subir — nas nuvens do céu. O cordeiro morto virá como Leão que governa (Ap 5.5-6). O servo humilde será Rei dos reis. O último será o primeiro, o menor será o maior. Os inimigos serão mortos pela palavra que sai de sua boca; os rebeldes serão lançados no lago de fogo. O verme não morrerá. As chamas não serão apagadas. Ressoam *aleluias* e *hosanas*, os sinos tocam, as trombetas soam, o reino vem. Cristo é Senhor. Ele reinará.

TEMA

O que esses episódios de enredo têm em comum? Em cada um, Deus demonstra sua glória ao salvar seu povo do juízo.

A severidade e bondade de Deus brilham em cada um desses episódios: Deus julgou a Adão e Eva, banindo-os do reino da vida, o Éden. Adão voltaria ao pó da terra do qual fora formado, mas saiu com uma promessa de que a semente da mulher esmagaria a cabeça da serpente. Esta promessa veio na palavra de juízo falada à serpente. A palavra de salvação: bondade, veio na palavra de juízo: severidade.

Foi assim no êxodo: Israel foi redimido mediante a morte do cordeiro da Páscoa e do primogênito dos egípcios. Assim também no exílio: como Adão saiu do jardim com a promessa, Israel foi exilado da terra com a profecia de uma gloriosa restauração no final dos tempos ressoando em seus ouvidos. Estes exemplos de salvação mediante o juízo apontavam adiante para a cruz, onde Jesus foi julgado para que seu povo pudesse ser salvo. Quando ele voltar, a salvação de seu povo virá por meio do julgamento da serpente e de sua semente.

A Bíblia, é claro, está repleta de temas, e cada um desses brilha com a glória de Deus. Estes temas fluem todos, e voltam a fluir para a glória de Deus. Instituir e lançar estes temas é o fundamento da justiça de Deus, sobre o qual ele constrói uma torre de misericórdia, a fim de fazer um nome para si. Se não houvesse justiça, se Deus não cumprisse sua palavra e punisse os transgressores, não haveria misericórdia, pois ninguém necessitaria dela, já que ninguém seria condenado. Se Deus não fosse justo, ele não seria santo, não seria verdadeiro nem fiel, e não haveria algo como uma promessa cumprida, nem o pecador justificado pela fé.

Quando Deus traz salvação mediante o juízo, a justiça serve como o pano escuro sobre o qual Deus mostrará o diamante de sua misericórdia. A pedra reluzente, o pano de contraste, e a luz que brilha sobre ambos são resultado de uma demonstração da glória de Deus de tirar o fôlego. O tema central da Bíblia é a glória de Deus na salvação, por meio do juízo.

Deus encherá a terra do conhecimento de sua glória ao salvar e julgar. O mundo foi criado com este propósito, como demonstram as pré-estreias do tabernáculo e templo. O próprio Deus anunciou que ele encheria a terra com sua glória (Nm 14.21). Os serafins proclamaram estar a terra cheia da sua glória (Is 6.3). Davi olhava para o dia em que sua semente reinará e a terra se encherá da glória de Iavé (Sl 72.18-19). Isaías disse que aconteceria (Is 11.9), e Habacuque ecoou o mesmo (Hc 2.14). Os caminhos de Deus são inescrutáveis, não se descortinam, e Deus não deve nada a ninguém. Ele não pode ser devedor, nem pode ser subornado. Dele, por meio dele, e para ele são todas as coisas. Dele é a glória para sempre (Rm 11.33-36).

Capítulo 5

O MISTÉRIO

O QUE SÃO ESSAS MOEDAS DE OURO NO CAMINHO?

Ao lermos a Bíblia, encontramos moedas de ouro, uma após outra, no caminho das promessas bíblicas. Essas moedas de ouro parecem ter sido cunhadas no mesmo local, e quando nós as examinamos, observamos duas coisas. Primeiro, há uma relação entre elas. As que surgem depois assumem o desenho e a impressão das que vieram antes. Segundo, ao caminharmos pelo desenvolvimento dos desenhos sobre as moedas, descobrimos curiosas combinações dos desenhos mais antigos e mais recentes, bem como uma espécie de história que pode ser traçada por essas imagens.

Não estou falando, literalmente, sobre moedas de ouro. Falo das promessas que Deus fez sobre um redentor que endireitará todas as coisas. A crescente pilha de promessas influenciou os autores bíblicos mais recentes, ao escolherem o que incluir em suas narrativas. As promessas mais antigas fizeram com que os autores bíblicos posteriores observassem os padrões e semelhanças entre personagens mais antigos, levando-os a destacarem os modelos e características similares no próprio material.

Quando vemos um autor mais recente apresentar uma repetição de um modelo mais antigo, que foi informado por uma promessa, como leitores nós começamos a perceber que estamos lidando com uma sequência de eventos (um tipo, modelo ou esquema) que os autores bíblicos viam como significativos, mesmo sem entendê-los completamente (cf. 1 Pe 1.10-12). A repetição desses modelos cria uma espécie de gabarito que representa o *tipo* de coisas que Deus faz, ou o *tipo* de coisas que acontecem com o povo de Deus. Quando começamos a pensar no que *tipicamente* acontece, estamos tratando da *tipologia*, e como isto é o que aconteceu *tipicamente* no passado, começamos a esperar que este é o *tipo* de coisa que Deus fará no futuro. Ou seja, o tipo prospectivo, olhando para a frente, ao apontar além de si para o seu cumprimento.

As promessas parecem ter estimulado os profetas a notarem os modelos e, assim, podemos ver isso como uma *tipologia em forma de promessa*. Ouvindo as promessas, formava-se uma expectação na mente dos profetas, e depois um modelo de eventos era interpretado à luz da expectação gerada pelas promessas.

Se isso nos parece confuso, é mesmo em alguns pontos! Os discípulos de Jesus ficaram surpresos com o que ele fez; no entanto, tudo que ele fez foi visto em sombra, no Antigo Testamento. Não podemos examinar toda moeda de ouro neste curto estudo, mas vamos examinar algumas.

CUNHADA POR UM SÓ CRIADOR

Aqui o nosso objetivo é ver as conexões entre as promessas-chave no Antigo Testamento, que instigaram os profetas a reconhecerem os moldes. Se uma promessa é uma moeda de ouro, então a presença dessas promessas na Bíblia significa que os autores bíblicos as viram como vindas de Deus e relacionadas ao plano de Deus. Isso faz com que essas promessas sejam como moedas de ouro cunhadas em um mesmo lugar.

A mais antiga impressão profética vem na palavra de juízo que Deus disse à serpente, em Gênesis 3.15. O homem e sua mulher tinham todo direito de esperar que morressem naquele dia em que comeram o fruto do conhecimento do bem e do mal (Gn 2.17). Mas, enquanto Deus amaldiçoou a cobra, Adão e sua esposa ouviram que haveria inimizade contínua entre a serpente e a mulher, e entre sua semente e a semente da mulher. Além do mais, enquanto a semente da mulher seria ferida no calcanhar, a serpente receberia uma ferida muito mais séria, sobre a cabeça (Gn 3.15). A contínua inimizade e a referência à semente da mulher indicavam que Adão e sua esposa não morreriam imediatamente, mas continuariam a viver, ainda que tenham experimentado a morte espiritual (Gn 3.7-8). Quando Adão deu à sua mulher o nome de Eva, porque ela seria mãe de todos os vivos (Gn 3.20), ele respondeu em fé à palavra de juízo que Deus falara sobre a serpente. Aparentemente, a fé veio ao ouvirem a palavra da semente da mulher (Gn 3.15; cf. Rm 10.17). Adão e Eva creram que não experimentariam imediatamente a morte física: viveriam em conflito com a serpente, e seu descendente feriria a sua cabeça.

As respostas de Eva ao nascimento de Caim (Gn 4.1) e Sete (4.25) indicam que ela esperava que sua semente realizasse esta vitória sobre o tentador. A linha de descendência da mulher é cuidadosamente traçada em Gênesis 5; e em Gênesis 5.29, Lameque expressa a esperança de que seu filho Noé seja aquele que trará o alívio da maldição declarada em Gênesis 3.17-19. Quando lemos Gênesis 5.29, à luz de Gênesis 3.14-19, parece que os que chamam pelo nome do Senhor (Gn 4.26) estão procurando pela semente da mulher que, ao ferir a cabeça da serpente (Gn 3.15) reverterá a maldição sobre a terra (Gn 5.29; cf. 3.17-19).

Outra genealogia, em Gênesis 11, continua a traçar a descendência da semente da mulher. Então, as promessas de Deus a Abraão, em Gênesis 12.1-3, como um amontoado de moedas de ouro no caminho, responde às maldições de Gênesis 3.14-19 de ponto a ponto:

- Respondendo à inimizade que Deus colocou entre a semente da mulher e a serpente e sua semente (Gn 3.15), Deus promete abençoar aqueles que abençoam a Abraão e amaldiçoar aqueles que o amaldiçoam (Gn 12.3).
- Respondendo à dificuldade que Deus colocou no parto e nos relacionamentos do casamento (3.16), Deus promete fazer de Abraão uma grande nação (12.2), e nele abençoar todas as famílias da terra (12.3).
- Respondendo à maldição sobre a terra (3.17-19), a promessa de Deus de que Abraão seria uma grande nação também implica em território (12.2), e em alguns versículos adiante (12.7) Deus promete dar a terra a Abraão e à sua semente.

Depois da morte de Abraão, Deus prometeu confirmar a Isaque o juramento feito a Abraão (Gn 26.3-4), e então Isaque passou esta bênção de Abraão para seu filho Jacó (28.3-4).

Tendo em mãos estas moedas, podemos colocá-las lado a lado, e ver que além de serem promessas de Deus, elas põem em movimento a história. Aparentemente, as promessas fizeram com que Moisés reconhecesse um modelo.

Moisés parece ter ouvido dizer que haveria inimizade entre a semente da serpente e a semente da mulher. Assim, ele notou — e por essa razão documentou — o modo como a semente da serpente perseguiu a semente da mulher: Caim matou Abel; Cam zombou de Noé, como fez Ismael com Isaque; Esaú queria matar Jacó. Este modelo de perseguição provavelmente instigou Moisés a observar o modo como os irmãos de José reagiram a ele, impelindo Moisés a dar um tratamento extenso ao sofrimento e à exaltação de José. Os seus irmãos queriam matá-lo, mas, em vez disso, o venderam como escravo. No Egito, José foi exaltado, abençoando o mundo inteiro ao prover alimento em meio à fome (cf. Gn 12.3), e ao perdoar seus irmãos, preservou as suas vidas da maldição sobre a terra.

A bênção de Abraão foi passada para Isaque, em seguida, para Jacó, e parece que Jacó a concedeu aos filhos de José (Gn 48.15-16). Deus disse a Abraão que reis procederiam dele e de Sara (Gn 17.6, 16), e poderíamos esperar que o rei viesse da linhagem que recebeu a bênção. Porém, surpreendentemente, quando Jacó abençoou aos seus filhos, falou sobre Judá em termos reais (Gn 49.8-12). Isso provoca a explanação de 1 Crônicas 5.2 que, embora o direito de primogenitura e de bênção fosse para José, a "cabeça" viria de Judá.

Em Números, Moisés ajunta várias moedas de ouro e as põe lado a lado para nós. Quando Balaão deixou de amaldiçoar a Israel e, em vez disso, os abençoou, Moisés o apresenta dizendo algo, em Números 24.9, que combina as declarações da bênção de Judá, em Gênesis 49.9; com afirmações da bênção de Abraão (Gn 12.3). Isso significa que Moisés pensava que Deus cumpriria as promessas a Abraão, por meio da prometida figura real, vinda de Judá. Uns poucos versículos adiante, em Números 24.17, a imagem de Gênesis 3.15 da cabeça esmagada é combinada com a linguagem e imagens figuradas da bênção de Judá, em Gênesis 49.8-12. Números 24.19 passa, então, a falar do "domínio" que exerceria este que vem de Jacó, mostrando que ele exerceria o domínio que Deus deu a Adão, em Gênesis 1.28. Deus cumpriria as promessas a Abraão por meio do Rei de Judá, que é a semente da mulher, que esmagaria a cabeça da serpente e sua semente. Desta forma, Deus cumpriria os propósitos que começara a cumprir na criação.

Surgiu um rei da linha de Judá em Israel. A caminho de tornar-se rei, este jovem, ainda não provado na batalha, saiu de encontro com o poderoso Golias, cuja cabeça esmagou com uma pedra e, em seguida, removeu com uma espada. Como a semente da mulher que o precedeu, Davi foi, então, perseguido pela semente da serpente (Saul), que o perseguiu pelo deserto de Israel.

Não somos os primeiros a tentar ler essas promessas à luz dos modelos. Os autores bíblicos dos Salmos e os Profetas abriram a trilha para nós.

OS SALMISTAS E PROFETAS INTERPRETARAM ESSAS MOEDAS

Deus fez surpreendentes promessas a Davi (2 Samuel 7). Os profetas e salmistas interpretaram as promessas a Davi e os modelos que o precederam de modo a apontar adiante, ao que Deus realizará quando fizer essas coisas acontecerem.

O Salmo 72 parece ser a oração de Davi em favor de Salomão (cf. supra inscrito e o Salmo 72.20). Davi ora para que os inimigos de seu filho, a semente da promessa (2 Samuel 7), lambam o pó como seu pai, o diabo (Sl 72.9; cf. Gn 3.14). Ora para que os opressores sejam esmagados (Sl 72.4; cf. Gn 3.15). Ele ora para que a semente de Davi tenha um grande nome como o que Deus prometeu a Abraão, e que, como Deus prometeu a Abraão, as ações fossem abençoadas nele (Sl 72.17; cf. Gn 12.1-3). Tudo isso culmina na oração de Davi para que Deus cumpra o que propôs fazer na criação, enchendo a terra de sua glória (Sl 72.19; cf. Nm 14.21).

Um exemplo de interpretação profética dessas passagens, e existem muitas, é a de Isaías 11. Isaías claramente tem em vista as promessas a Davi de 2 Samuel 7, quando fala "do tronco de Jessé sairá um rebento, e das suas raízes, um renovo" (Is 11.1). O Espírito de Iavé repousará sobre ele em plenitude (11.2), e ele trará justiça e paz (11.3-5). Tais eventos são comparados, mais tarde no capítulo, ao êxodo do Egito (11.16), e pertencem ao reajuntamento de Israel após o exílio da terra (11.11). Estas realidades tornam o que diz Isaías, no versículo 8, ainda mais notável:

> A criança de peito brincará sobre a toca da áspide, e o já desmamado meterá a mão na cova do basilisco.

Quando o Rei de Jessé levantar para realizar este novo êxodo e retornar do exílio, não será apenas um retorno do exílio da terra de Israel, como também um retorno do exílio do Éden.

Quando reinar este Rei da linha de Davi, a inimizade entre a semente da mulher e a semente da serpente, introduzida em Gênesis 3.15, não mais existirá. É sobre isso que Isaías fala, ao mencionar bebês brincando com cobras e não temendo mal nenhum. O mal será abolido. Não haverá mais maldição. Quando Deus cumprir a promessa de Gênesis 3.15, mediante as promessas feitas a Davi em 2 Samuel 7, como no Salmo 72.19, assim como em Isaías 11.9:

> A terra se encherá do conhecimento do SENHOR,
> como as águas cobrem o mar.

A maior parte do que eu disse sobre as promessas, até aqui, tem a ver com a redenção. Semelhantemente, a maior parte do que eu disse, até este ponto, sobre os modelos tem a ver com a perseguição e o sofrimento daqueles que se agarram a essas promessas, aqueles por meio dos quais as promessas serão cumpridas. O mistério está no entretecimento dessas duas linhas de desenvolvimento.

DIZERES E ENIGMAS OBSCUROS

Então, as promessas vão se amontoando até a conclusão de que Deus vencerá o mal e reabrirá o caminho ao Éden, quando a semente da mulher surgir para receber a bênção de Abraão, e a semente da mulher viria da tribo de Judá e descenderia de Davi.

Como isso é complicado, enigmático, ou difícil? O mistério se desenvolve ao redor de duas questões principais: Primeiro, que negócio é esse sobre o sofrimento do vencedor? Segundo, como exatamente os gentios serão abençoados? O quadro que obtemos do Antigo Testamento é da nação de Israel conquistando todas as demais nações, subjugando-as a Iavé e à sua boa lei mediante o poder militar. O Ungido da linhagem de Davi reinará sobre eles com cetro de ferro (Sl 2.8-9). As nações virão a Sião para aprender a lei de Iavé (Is 2.1-4; cf. Dt 4.6-8).

O que há de misterioso nisso? Um, o programa atinge a desobediência de Israel. As nações não conseguem ver a glória da lei de Iavé, porque Israel profanou a Iavé à sua vista (cf. Ez 20.9). Em vez de sujeitar as nações a Israel, Iavé sujeita Israel às nações, e as nações expulsam Israel da terra. Então, quando Israel volta à terra, a sua desobediência é vista quando eles se casam com os idólatras não arrependidos, vindos das nações (por exemplo, Ed 9.11, 14). Como é que as nações serão abençoadas em Abraão e em sua semente (Gn 22.17-18)?

O outro aspecto do mistério está ligado a este. Conforme notamos acima, os modelos foram reconhecidos à luz da profecia. Estes moldes reconhecidos tinham a ver com a morte de Abel e a perseguição de Isaque, Jacó, José, Moisés, Davi e outros. Parece que Davi refletiu sobre esse modelo de sofrimento nos Salmos, especialmente aqueles Salmos que tratam do "justo sofredor", como nos Salmos 22 e 69 (há muitos outros).

Isaías viveu depois de Davi, e parece que a reflexão de Davi sobre essas coisas influenciou o modo como Isaías desenvolveu profecia e modelo, em sua descrição do servo sofredor. O "rebento do tronco de Jessé", de Isaías 11.1, parece ser o "renovo perante ele e como raiz de uma terra seca" de Isaías 53.2. O que é notável aqui, e em outros lugares de Isaías, é o modo como aquele que reina é também descrito como o que está sendo esmagado, fustigado e afligido (53.4), homem de dores e que sabe o que é sofrimento (53.4), ferido pelas transgressões, esmagado pelas iniquidades e castigado para a cura de seu povo (53.5). Aquele que é justo justificou a muitos, ao carregar sobre si as suas iniquidades (Is 53.11).

Antes que Jesus viesse cumprir essas profecias, os profetas do Antigo Testamento estavam confusos quanto aos mistérios (1 Pe 1.10-11). A maneira que os discípulos de Jesus reagiram a seu anúncio de que ia a Jerusalém para ser crucificado mostra que eles não tinham entendimento deste aspecto do mistério.

As linhas da promessa e do modelo apontam para a vitória e o sofrimento. Construindo sobre Isaías, o anjo Gabriel informa a Daniel que o Messias será cortado e nada terá (Dn 9.26). Semelhantemente, Zacarias fala de Israel vendo o Senhor, "a quem traspassaram", e lamentando sobre ele "como quem pranteia sobre um unigênito" (Zc 12.10). Zacarias passa a falar sobre o Senhor clamando pelo despertar da espada contra seu pastor, o homem que está de pé a seu lado — o pastor será ferido e as ovelhas espalhadas (13.7). Como disse Isaías: "ao SENHOR agradou moê-lo, fazendo-o enfermar" (Is 53.10).

PROMESSA, MODELO, MISTÉRIO

Talvez, o resumo dos mistérios e destaque dos enigmas que eles representam nos auxilie a contemplá-los.

Primeiro, fica claro que um redentor foi prometido. Este redentor vencerá o mal e o Maligno, bem como aqueles que se alinham com ele, e essa vitória acabará com as maldições e resultará numa nova experiência de vida edênica. A terra será fértil; as pessoas não precisarão de armas, porque não terão necessidade de se defender, nem desejo de atacar a outros; o Rei governará em justiça, estabelecendo a paz; a glória de Iavé cobrirá a terra como as águas cobrem o mar.

Segundo, existe, porém, o problema da desobediência do povo de Israel em especial, e o pecado da humanidade em geral. Este problema resulta no exílio do homem do Éden, depois o exílio de Israel da sua terra. Se Deus é verdadeiro e justo, estes pecados têm de ser punidos. Será que, com o exílio da terra, realmente o povo de Deus paga em dobro por todos os seus pecados, conforme indica Isaías 4.1? Haveria um modo de Deus punir o pecado *e* mostrar misericórdia?

Terceiro, o que dizer desse tema da perseguição e do sofrimento da semente da mulher? Abel morreu pela mão de Caim. José foi tirado da cova e entregue aos gentios. Moisés quase foi apedrejado por Israel. Davi sofreu oposição primeiro por Saul, depois por Absalão. Quando Deus fez promessas a Davi, mencionou algo sobre a disciplina com varas e açoites dos homens (2 Sm 7.14; o termo hebraico para "açoites" é usado em Is 53.4, 8).

Quarto, além das fortes afirmativas, quanto a como o Messias reinaria, além das linhas do que encontramos nos Salmos 2 e 110, temos também essa conversa misteriosa sobre um servo sofredor em Isaías 53, um Messias que será cortado em Daniel 9.26, o próprio Senhor sendo traspassado em Zacarias 12.10, e a espada despertada contra o homem que está a seu lado em Zacarias 13.7, que fala de um pastor ferido e suas ovelhas espalhadas.

Quinto, o que dizer dos gentios? Deus disse que todas as famílias da terra seriam abençoadas na semente de Abraão (Gn 12.3; 22.17-18). Isaías disse que estrangeiros seriam sacerdotes e levitas (Is 66.21), mas no final do Antigo Testamento, Esdras e Neemias se certificaram de que os israelitas não se casassem com pessoas não israelitas. Como é que Deus abençoará os gentios pela semente de Abraão?

Quando chegamos ao final do Antigo Testamento, não temos resposta às perguntas de como todas essas coisas serão resolvidas. Como será cumprido o tema do Messias vencedor, à luz do modelo de sofrimento e da profecia de que o Messias morreria? O que dizer desse novo êxodo e o prometido retorno do exílio?

SERÁ QUE TUDO VAI DESMORONAR?

Teria a história fugido ao controle? Existe caminho para as indicações vindas dessas moedas de ouro para serem ajuntadas em resolução que satisfaça?

Essa resolução acontece por meio da maior reviravolta de trama na história do universo: a conquista do Messias, que parecia uma derrota. Satanás parecia ter vencido. Parecia ter ferido muito mais que o calcanhar da semente da mulher.

O jeito que os discípulos reagiram, quando Jesus anunciou que iria a Jerusalém para morrer, mostra como o estratagema secreto de Deus era inesperado. Pedro repreendeu Jesus e disse-lhe que isso nunca aconteceria. Aconteceu.

Jesus cumpriu o modelo da semente sofrida da mulher. Quando morreu na cruz, ele cumpriu as predições de que o Messias seria cortado, o servo sofreria, a espada despertaria contra o homem em pé ao lado do Senhor. Realmente, aqueles que o viram morrer viram o Senhor a quem traspassaram. Os pecados de Israel foram duplamente pagos (Is 40.2), porque a morte de Jesus provê perdão completo (Hb 10.1-18). Ele morreu como servo sofredor (Isaías 53). Deus chama Israel de seu filho primogênito (Êx 4.23), e Jesus representa a Israel como Filho de Deus. A morte de Jesus satisfaz a ira de Deus, encerrando a maldição contra o Israel que quebrara o pacto.

Na transfiguração, Moisés e Elias conversavam com Jesus sobre o "*êxodo* que ele estava prestes a realizar em Jerusalém" (Lucas 9.31). Jesus morreu como o cordeiro de Deus em novo êxodo, que tipologicamente cumpriu o êxodo do Egito. Jesus cumpriu as promessas do Antigo Testamento de que Deus redimiria a seu povo de forma a eclipsar o êxodo do Egito (por exemplo, Jr 16.14-15; 23.7-8).

A morte de Jesus colocou em movimento o novo êxodo, e os seguidores de Jesus são descritos, no Novo Testamento, como "forasteiros" (exilados – 1 Pe 1.1) que estão sendo edificados em novo templo (1 Pe 2.4-5), ao se dirigirem para a Terra Prometida (1 Pe 2.11), o novo céu e nova terra, em que habita a justiça (2 Pe 3.13). Quando os autores do Novo Testamento falam dessa forma, estão usando a sequência de eventos que ocorreram no êxodo do Egito como matiz interpretativa para descrever o significado da salvação que Deus realizou em Jesus.

O que dizer dos gentios? Bem, Paulo levou o evangelho primeiro ao judeu, depois ao grego (Rm 1.16). Quando os judeus rejeitaram o evangelho, Paulo foi para os gentios (por exemplo, Atos 13.46). Paulo ensina que, quando o número completo de gentios tiver entrado, Jesus voltará e salvará o seu povo (Rm 11.25-27). Todas as famílias da terra serão abençoadas na semente de Abraão: Jesus, o Messias (Gl 3.14-16).

Paulo ensina em Efésios que este foi o plano escondido de Deus para os gentios: o mistério que foi revelado a Paulo e aos outros apóstolos e profetas (Ef 3.4-6). Embora estivera oculto durante séculos e gerações, os crentes hoje conhecem a história completa (Cl 1.26). Conhecer Cristo significa compreender o grande mistério de Deus (Cl 2.2-3). Moisés profetizou e demonstrou isso por modelos, que foram repetidos nas histórias e proclamado pelos profetas. Jesus cumpriu tudo, e Paulo explica que o mistério da vontade de Deus era este plano apresentado em Cristo na plenitude do tempo, a fim de que todas as coisas (judeus e gentios), no céu e na terra, fossem unidas em Cristo (Ef 1.9-10). Os cristãos gentios gozam todas as bênçãos dadas a Israel, no Antigo Testamento (Ef 1.13-14).

Quando o evangelho tiver sido pregado a todas as nações (Mt 24.14), quando as duas testemunhas tiverem completado o seu testemunho (Ap 11.7), quando todos os mártires tiverem sido fiéis até a morte (Ap 6.11), quando todo o número dos gentios tiverem sido completo (Rm 11.25), Jesus virá. Os judeus que estiverem então vivos o verão e crerão, terão seus pecados perdoados, e serão trazidos para dentro da nova aliança: "E, assim, todo o Israel será salvo" (Rm 11.26-27). A trombeta soará, o Senhor descerá, dizendo: O reino do mundo se tornou de nosso Senhor e do seu Cristo, e ele reinará pelos séculos dos séculos (Ap 11.15).

NEM MESMO A MORTE O DESFAZ

O que Deus fez, em Jesus, trouxe resolução a um mistério que estivera sem solução no final do Antigo Testamento, e a consumação prometida pela garantia do Espírito Santo fará novas todas as coisas. O mistério foi solucionado, o resultado da história foi revelado, e agora vivemos pela fé em que os acontecimentos que começaram a entrar em movimento realizarão todas as nossas esperanças (Rm 8.18-30). Podemos viver sob esta esperança, porque não existe nada que mude para desprezo o amor de Deus — nem mesmo a morte (Rm 8.31-39).

Você tem medo da morte? Você pensa em sua morte, ou na morte de alguém a quem ama, à luz da grande história da Bíblia?

Mais cedo neste livro, eu relatei parte do que aconteceu na noite de 6 de janeiro de 2010, a noite em que um amigo meu saiu de sua cadeia mortal. Poucos dias mais tarde, tive o privilégio de pregar em seu funeral. Naquele dia nos reunimos para glorificar a Deus por dar-nos a alegria de tê-lo conhecido.

Diz o Salmo 90.10:

> Os dias da nossa vida sobem a setenta anos ou,
> em havendo vigor, a oitenta;
> neste caso, o melhor deles é canseira e enfado,
> porque tudo passa rapidamente, e nós voamos.

Pela força, o meu amigo viveu até os oitenta e um anos de idade. Foi fiel até à morte. Confiou em Jesus Cristo e serviu fielmente a Igreja Batista de Kenwood como diácono. Agora ele serve na presença do Rei dos Reis e Senhor dos Senhores. Ele tomou seu lugar na corte celestial e enxerga o trono da Majestade Altíssima.

A grande conquista da vida de meu amigo era que ele venceu o mundo. Ele rejeitou as mentiras do mundo em favor da verdade de Deus. Ao confiar em Jesus, ele venceu. A sua luta acabou. Sua batalha foi vencida. Foi um conflito épico entre o bem e o mal que durou toda sua vida, muito mais significativo que qualquer jogo de futebol ou qualquer eleição. Na sua vida humana, como em toda vida, estava a glória do próprio Deus.

Ele glorificou a Deus no seu casamento. Amava sua esposa como Cristo amou a igreja, entregando-se por ela e sendo-lhe fiel até o final.

Também glorificou a Deus em seu compromisso com a igreja de Cristo. Estava sempre pronto e empenhado para fazer discípulos de Jesus.

Ele e sua esposa, juntos, glorificaram a Deus ao adotarem uma filha, assim como o seu Pai celestial os adotou.

O seu corpo foi ativo durante oitenta e um anos, e agora é um cadáver. Plantamos seus restos sem vida no chão, e a próxima coisa que esses restos mortais experimentarão será a ressurreição, quando Jesus voltar, conforme descrito pelo apóstolo Paulo, em 1 Coríntios 15.42-49.

Nosso primeiro pai foi exilado do Éden. Israel foi expulso da terra. Todos nós vivemos fora da presença imediata de Deus. A história da Bíblia é a nossa história, e o mistério se fez conhecido.

Veio o herói, que experimentou o momento mais profundo e tenebroso de exílio por nós, desamparado pelo Pai, e então ele inaugurou o retorno do exílio por meio da sua ressurreição dos mortos.

O Cordeiro de Deus, que tira o pecado do mundo, cumpriu a Páscoa, e nós que cremos fomos libertados da escravidão do pecado. Estamos agora viajando em direção à Terra da Promessa. A fim de entendermos como Deus nos conduz através desse deserto, tomaremos alguns dos símbolos da Bíblia na segunda parte.

SEGUNDA PARTE:

O UNIVERSO SIMBÓLICO DA BÍBLIA

Capítulo 6

O QUE FAZEM OS SÍMBOLOS?

Você já leu *A Separate Peace (Uma paz separada)*, de John Knowles? Dois amigos, Gene e Phineas (apelidado de Finny), estão numa árvore. Gene sacode um galho, Finny cai e quebra a perna, e acaba a feliz inocência do verão. Um atleta nato, Finny jamais praticará esportes novamente. Quando finalmente volta à escola, os outros alunos elaboram um julgamento simulado para determinar se foi Gene quem causou a queda de Finny. Quando se torna evidente que foi ele, Finny sai, ofendido, cai de uma escadaria de mármore, e novamente quebra a perna. Finny morre durante a operação em sua perna. A morte de Finny dá a Gene uma certa paz.

Menciono este livro porque está carregado de simbolismo. Um período de inocência termina com uma queda de uma significante árvore. É como o jardim do Éden. A morte daquele contra quem se pecou dá paz àquele que causou a queda. Eu me lembro de meu professor de inglês do segundo grau falando sobre como Finny era uma figura de Cristo. Obviamente, os paralelos não são exatos, mas também é óbvio que John Knowles sabe utilizar os símbolos.

Quando prestamos atenção ao simbolismo, sou tentado a dizer que a Segunda Parte trata também da interpretação figural, porque parece-me que a palavra *figural* foi usada no passado para significar algo muito próximo à palavra *tipológico*. Hesito, porém, em utilizar a palavra *figural*, porque, conquanto as conexões tipológicas usualmente são estabelecidas por apelos diretos à evidência textual — características exegéticas dos textos que forjem as conexões que estão sendo interpretadas — a palavra *figural* agora parece ser usada com referência a conexões forjadas pelo intérprete *à parte* de detalhes exegéticos do texto.

Quero enfocar o que os autores bíblicos intentaram comunicar, como eles interpretaram Escrituras e comunicaram seu significado mediante os símbolos que empregavam. O simbolismo é desenvolvido mediante o uso de imaginário e por meio da repetição de modelos e tipos, que serão vistos nos capítulos seguintes. Aqui, queremos colocar em mente o que o uso do simbolismo faz para os autores bíblicos.

Finny é chamado de "figura de Cristo" por causa do modo como o que acontece com ele corresponde ao que aconteceu com Jesus, tanto em termos dos eventos que ocorreram, quanto do seu significado para os outros. A árvore é significativa pelo modo que Gene e Finny entram em inimizade por ela: é o cenário do crime, e a queda da árvore eventualmente leva à morte de Finny.

Se não entendemos o simbolismo de um livro, não entenderemos a mensagem de seu autor. Isso é verdade quanto ao livro *A Separate Peace*, e é verdadeiro também para a Bíblia. O simbolismo da Bíblia resume e interpreta a grande história da Bíblia.

O Antigo Testamento organiza um mistério que é resolvido por aquilo que o Novo Testamento revela. Deus estabeleceu um plano para unir todas as coisas em Cristo na plenitude do tempo (Ef 1.9-10). A Bíblia contém uma narrativa que engloba tudo. No mundo que Deus criou, entrou na narrativa a tensão, quando Adão e Eva pecaram e foram expulsos da presença de Deus no jardim do Éden. A grande resolução e clímax da história, a consumação de todas as coisas, antevista pelos profetas e descrita no Apocalipse, será um retorno à presença de Deus em um Éden novo e melhor.

Dentro dessa história maior, como espécie de variação sobre o tema, temos a história de Deus libertando Israel do Egito no êxodo, depois a instalação da nação de Israel como um novo Adão em uma espécie de novo Éden, quando os israelitas conquistaram a Terra Prometida. Como Adão foi exilado do Éden, Israel foi exilado da terra. Os profetas de Israel anunciaram que Deus realizaria uma nova redenção como do êxodo, e que esse novo êxodo resultaria em volta do exílio — um retorno do exílio da terra de Israel *e* retorno do exílio do Éden.

Em alguns pontos, as descrições preditivas desses dois retornos, à terra e ao Éden, são apresentadas lado a lado, como se fossem uma só coisa. Esse não é o caso. Israel voltou à terra, mas o exílio aguardava remédio completo na morte de Cristo sobre a cruz. Além disso, o endurecimento parcial de Israel permanece até a entrada do número completo dos gentios (Rm 11.25; cf. Dt 32.21; Is 6.9-11; Mt 13.14-16; Atos 28.25-27). Somos escravos libertados, livres pelo novo êxodo, estrangeiros e exilados a caminho da nova e melhor Terra Prometida, o novo e melhor Éden, o novo céu e a nova terra.

Ao procurar seguir os contornos da história que a Bíblia conta, temos de entender os símbolos que os autores bíblicos usam, quando contam a história. Se não compreendermos os símbolos, deixaremos de entender partes-chave da história. Os símbolos são usados para resumir as grandes ideias em figuras que os autores bíblicos intentam sejam compreendidas por seus ouvintes. Em Levítico, por exemplo, Moisés não explica o raciocínio por trás dos atos simbólicos realizados com a oferta dos sacrifícios. Não é preciso explicar esses atos, aparentemente porque todos em seu público entendiam o simbolismo. Hoje vivemos em uma cultura diferente, em que o sacrifício de sangue não é algo que vemos tipicamente. Milhares de anos se passaram. Para se entender Levítico, temos de procurar juntar tudo o que Moisés disse a respeito do sistema sacrificial, a fim de entendermos o que está sendo simbolizado.

Os próprios símbolos contam uma história, mas qual história elas contam? Nesta parte de nossa consideração da teologia bíblica, queremos analisar o modo como a grande história da Bíblia é reforçada e sumarizada pelo simbolismo que os autores bíblicos construíram dentro da narrativa. Olharemos as imagens, tipos e modelos que os autores bíblicos empregam para reforçar e resumir a grande história da Bíblia.

O uso desse simbolismo produz o que pode ser referido como um "universo simbólico", ou seja, um conjunto de símbolos que explanam e interpretam o mundo, ao representar ou estar em lugar desse mundo. Referirmos o universo simbólico da Bíblia é referirmos um conjunto de imagens, modelos, tipos, símbolos e significados que descortinam a mente dos autores bíblicos. Queremos entender isso porque desejamos ver o mundo conforme eles o viam, e queremos pensar sobre esse mundo dessa forma também. Ao procurar compreender e abraçar a cosmovisão refletida nos escritos dos autores bíblicos, estamos buscando entender e abraçar o seu universo simbólico.

A fim de entender o universo simbólico da Bíblia, que sumariza e interpreta o significado do mundo como ele realmente é, examinaremos as imagens, tipos e modelos na Bíblia. Essas imagens, tipos e modelos são, muitas vezes, sobrepostos; e esta sobreposição em camadas tanto interpreta quanto comunica alguma coisa. Tal uso de simbolismo e imaginário acrescenta textura à história que a Bíblia conta, reforçando-a e tornando-a mais concreta.

Afinal, um símbolo é algo usado para representar todo um conjunto de coisas. Por exemplo, por alguma razão o símbolo de um partido político nos Estados Unidos é um jumento, e o símbolo do outro partido é um elefante. Quando vemos esses símbolos, qualquer número de coisas pode vir à mente: um determinado político, um conjunto de crenças e práticas associadas a determinado partido político, ou mesmo um parente ou amigo que vota por esse partido. O ponto é que aquele jumentinho representa, ou simboliza, muito mais do que algum jumento numa fazenda em algum lugar.

Se quisermos entender a Bíblia, temos de considerar o que seus símbolos representam, que história eles contam, e como eles interpretam e resumem o que aconteceu antes, ao apontarem para o que é e o que virá a ser. Vamos começar com o imaginário antes de ir para a tipologia, e em seguida para os modelos.

Capítulo 7

IMAGINÁRIO

Essa conversa sobre simbolismo lhe parece abstrata? A grande história da Bíblia lhe parece abstrata? As imagens que a Bíblia utiliza são ilustrações do mundo real sobre esses conceitos abstratos. É como se os autores bíblicos reconhecessem que as coisas são complicadas e, portanto, eles tentam ajudar seus ouvintes a entender, por meio de exemplos. Tome, por exemplo, uma árvore.

UMA ÁRVORE, UMA RAIZ E UM RAMO

A obra de Deus na criação está relacionada à sua obra de redenção. Assim, lemos na criação: "Deus plantou um jardim no Éden... E da terra o Senhor Deus fez brotar toda árvore que é agradável aos olhos e boa para se comer" (Gn 2.8-9).

Para nos ajudar a entender que a nação de Israel, redimida do Egito, é como uma nova criação, Asafe fala de Israel como se fosse uma videira plantada pelo Senhor:

> Trouxeste uma videira do Egito, expulsaste as nações e a plantaste. (Sl 80.8)

Isaías desenvolve também essa imagem, apresentando o Senhor como quem planta uma vinha, em Isaías 5.1-7. Porque a vinha produziu frutos podres (5.5), Isaías é enviado para endurecer os corações das pessoas até que elas sejam empurradas para o exílio (6.9-12). Isto será como a árvore de Israel que é cortada e seu toco queimado, mas a semente santa permanece nesse tronco (6.13). O Senhor usará a nação da Assíria como o machado que corta a árvore de Israel (Is 10.5-15), mas um broto sairá do tronco de Jessé, um galho que produzirá fruto (Is 11.1-10). Esse renovo é tanto um indivíduo quanto também um símbolo de uma nação reemergente. O rei proveniente de Davi após o exílio representa o novo estabelecimento da nação de Israel. Isaías explora extensivamente o imaginário do galho; conforme já vimos, ele liga esse broto do tronco de Jessé ao servo sofredor que leva sobre si os pecados das pessoas, em Isaías 53, ao comparar o servo a uma "raiz saída da terra seca" (53.2).

Esse imaginário de árvore é usado por toda a Bíblia. Acabamos de ver como Isaías fala do Messias como um renovo do tronco de Jessé. O juízo sobre o jardim plantado por Deus em Isaías 5, a árvore cortada em Isaías 6, e o renovo do tronco de Jessé em Isaías 11 – todos contam a história de Israel. A nação quebrou o pacto que Deus fez com ela no Sinai; portanto, eles serão exilados da terra. Mas Deus cumprirá as promessas que fez a Davi, quando além do exílio surgirá um descendente de Davi.

Pode ser que Isaías foi estimulado a utilizar o imaginário de árvore para descrever a história e o futuro de Israel e de seu

Messias por causa do uso de símbolos semelhantes nos Salmos 1 e 2. Estes primeiros dois salmos introduzem todo o livro de Salmos. Salmo 2 é fortemente messiânico, e as conexões entre os Salmos 1 e 2, com o toque davídico de todo o Saltério, colorem o Salmo 1 com tons messiânicos. O Salmo 1 descreve o homem abençoado, que medita na Torá, como uma árvore plantada junto a ribeiros de água, que dá frutos na estação e mesmo fora de estação. É quase como se o homem abençoado que medita na Bíblia fosse uma árvore no jardim de Deus.

Esse imaginário interpreta a história do cortar da nação de Israel (Isaías 6, 10), conectando-a à semente santa que permanece no tronco (Is 6.13). O imaginário cria a impressão de que o destino da nação fica em pé ou cai sob a piedade do rei. Também reassevera a ideia de que o rei representa toda a nação.

Nós cristãos temos boas novas: o ramo do tronco de Jessé está dando frutos. A raiz saída da terra seca suportou nossos pecados, e cumpriu perfeitamente a Torá. A sua folhagem não murcha e seu fruto não falha (cf. Isaías 11, 53; Salmo 1). Podemos confiar em Jesus.

Nós cristãos somos também chamados a seguir Jesus, o homem bem-aventurado que medita na Bíblia dia e noite. Devemos ser árvores que florescem como Jesus, e nos tornamos assim quando entregamos nossa mente, nosso intelecto, à Palavra de Deus.

A Bíblia diz que quem não crê em Cristo será como a palha que o vento espalha (Sl 1.4-5). Queremos ser árvores plantadas junto a ribeiros de água viva — não a palha que o vento espalha.

A árvore que Deus plantou no jardim cresce e se torna símbolo no jardim, cresce e se torna símbolo da nação redimida de

Israel e também daquele que redime tanto a Israel quanto as demais nações, concedendo-lhes acesso à árvore da vida (Ap 22.2).

Há também atos decisivos de juízo que vêm simbolizar a visitação da ira de Deus contra os rebeldes. Tomemos o dilúvio, por exemplo.

O DILÚVIO

Assim como existe uma conexão entre a criação e a redenção, há uma conexão entre o juízo e a descriação. Moisés comunica este conceito ao descrever o dilúvio de modo que seus ouvintes vejam pontos significativos de contato entre a criação original e o mundo novo que surge, uma vez que as águas do dilúvio retrocedem.

Considere estes paralelos entre as narrativas da criação e do dilúvio: Deus repartiu as águas para fazer aparecer a terra seca, em Gênesis 1.9-10, e o Espírito pairava sobre a criação em 1.2. Depois do dilúvio, Deus enviou o vento/espírito para fazer com que as águas retrocedessem e a terra seca novamente apareceu, em Gênesis 8.2-3. Deus ordenou a Adão que fosse frutífero e multiplicasse em Gênesis 1.28, e dá a mesma ordem a Noé, em 9.1 e 9.7. Como Adão pecou ao comer da árvore em Gênesis 3, Noé também pecou ao abusar do fruto da videira em Gênesis 9. Em ambos os casos, a nudez foi exposta e depois coberta. O juízo de Deus foi visitado nas águas do dilúvio, mas o dilúvio não eliminou, não lavou, o pecado humano.

Moisés quer que seus ouvintes vejam as correspondências entre Adão e Noé. Essas correspondências sugerem que o juízo de Deus é uma espécie de descriação, enquanto a redenção é uma espécie de nova criação.

Moisés quer também que seu público veja correspondências entre Noé e ele mesmo; portanto, ele usa o mesmo termo para descrever a arca de Noé (Gn 6.14) e o cesto em que sua mãe o colocou (Êx. 2:3). Como Noé, que foi salvo pelas águas naquela arca, águas em que todos os contemporâneos de Noé morreram, Moisés foi salvo pelas águas numa arca, águas em que morreram os contemporâneos de Moisés. Como Noé, que saiu da arca e entrou em aliança com Deus em Gênesis 9, Moisés saiu da arca e entrou em aliança com Deus em Êxodo 20-24. Como Noé, que ao descer da arca entrou em uma nova criação, Moisés conduziu Israel a uma sombra da nova criação, ao levá-los à Terra Prometida. No dilúvio, bem como no êxodo do Egito, Deus salvou seu povo em meio ao juízo.

Mais tarde, autores bíblicos usam as imagens do dilúvio para apontar visitações futuras do juízo de Deus. Como foi no dilúvio e no êxodo, Deus salvará o seu povo desses subsequentes juízos e entrará em nova aliança com eles.

Vemos o imaginário do dilúvio nos Profetas e nos Salmos, quando exércitos estrangeiros são descritos como uma inundação que virá sobre todo Israel (por exemplo, Salmo 124; Isaías 8). Estes inimigos cairão sobre Israel como uma torrente de águas destrutivas, porque Israel quebrou o pacto. Aqui, novamente, o imaginário do dilúvio é usado para resumir e interpretar a narrativa da Bíblia.

Esta realidade não se limita ao Antigo Testamento: Jesus falou de sua morte como um batismo (por exemplo, Marcos 10.38-39), que quer dizer que Jesus descreveu a sua morte como a imersão nas águas do juízo de Deus. Jesus morreu sob todo o peso da ira de Deus contra o pecado. A morte de Jesus é o cumprimento daquilo que o dilúvio de Noé antevia. Este é o juízo mediante o qual Deus salva o seu povo. Quando os crentes são batizados por sua fé em Jesus, são unidos a ele em sua experiência das águas do dilúvio da ira de Deus. É por isso que Pedro diz que o dilúvio corresponde ao batismo, que agora também nos salva (1 Pe 3.20-21).

O dilúvio interpreta e explana a linha da história da Bíblia: pecado, juízo através do qual vem a salvação, nova aliança, nova criação. O dilúvio antecipa também as águas da ira de Deus, que virão sobre Israel por meio de exércitos estrangeiros, cujas águas da ira encontrarão seu cumprimento no batismo de Jesus ao morrer sobre a cruz. Assim como Noé foi salvo mediante a visitação da ira de Deus sobre o mundo, aqueles que creem em Jesus são salvos pela visitação da ira de Deus sobre a cruz. O dilúvio também aponta adiante para a culminação da história. Pedro explica que "veio a perecer o mundo daquele tempo, afogado em água. Ora, os céus que agora existem e a terra, pela mesma palavra, têm sido entesourados para fogo, estando reservados para o Dia do Juízo e destruição dos homens ímpios" (2 Pe 3.6-7). Deus purificou o mundo pela água do dilúvio, e ele o purificará por fogo no futuro.

A árvore e o dilúvio são realidades históricas que vêm a ser usadas no imaginário dos autores bíblicos, quando eles ligam a criação à nova criação, enquanto interpretam a história que abarca tudo do começo ao fim. Ambos, árvore e dilúvio, resumem e interpretam a história, enquanto forjam conexões entre a criação e a redenção e o juízo. Os autores bíblicos usam também o tabernáculo e o templo para simbolizar o mundo que Deus criou como o ambiente para a história da criação, queda, redenção e restauração.

O TEMPLO E A IMAGEM DENTRO DELE

A história do mundo é um templo cósmico. Refletindo sobre pressupostos comuns no antigo Oriente Médio e mostrando as conexões literárias, Moisés constrói suas narrativas do Éden e do tabernáculo em Gênesis e Êxodo, e Asafe escreve sobre o templo em Jerusalém:

> Ele edificou seu santuário como os altos céus, como a terra,
> que ele estabeleceu para sempre (Sl 78.69).

Esta comparação reflete uma profunda realidade teológica: o templo foi intencionado como uma imagem do cosmos. O templo e, antes dele, o tabernáculo, eram versões em pequena escala do mundo que Deus criou. Isaías viu esta mesma realidade. O escabelo dos pés do Senhor é a arca da aliança, no Santo dos Santos do templo (cf. 1Cr 28.2), mas Isaías sabe que a terra foi feita para ser habitação de Deus. Por meio de Isaías, o Senhor diz:

> O céu é meu trono, e a terra o meu escabelo; o que é a casa que construirás para mim, e qual o lugar de meu repouso? (Is 66.1).

O lugar do repouso de Deus é o mundo que ele edificou (Gn 2.3). Esta ideia de que o mundo é a habitação global de Deus é também o que vemos quando a Nova Jerusalém desce do céu da parte de Deus, e as dimensões e os adornos do novo céu e terra evidenciam que estes são uma nova versão do "Santo dos Santos". Lá não existe templo, porque Deus e o cordeiro são o templo (Ap 21.9-27). É por isso que os sinos dos cavalos da Nova Jerusalém serão inscritos com o que estava escrito no aparato da cabeça do sumo sacerdote (Zc 14.20; cf. Êx 28.36).

A ideia de que a criação é um templo ajuda-nos também a entender a humanidade criada à imagem de Deus. Os que adoram ídolos colocam pedaços esculpidos e enfeitados de madeira ou pedra em seus templos para representar os seus deuses. Na verdadeira história do mundo, o Deus vivo coloca a sua imagem viva no templo cósmico: um ser humano que anda, fala e que adora. A imagem de Deus o representa em seu templo.

Mais uma vez, o símbolo, neste caso o templo, sumariza e explica a história da Bíblia: quando a glória de Deus encheu o tabernáculo e, mais tarde, o templo (Êx 40.34; 1Rs 8.10-11), Deus deu a Israel um vislumbre do modo como ele encherá o templo cósmico com a sua glória. O que Deus fez no microcosmo, ele fará com o macrocosmo. O que Deus mostrou no símbolo, ele cumprirá na realidade.

Israel quebrou o pacto, e então Deus impeliu as pessoas para o exílio. A culminação da conquista de Jerusalém foi na destruição do templo (2 Reis 25.9). Quando os profetas apontam adiante para a destruição do templo, falam como se o mundo fosse rasgado, destruído, quando Deus julgar a Israel por seu pecado. Uma passagem que encerra isso está em Jeremias 4.23, que descreve o mundo sendo devolvido ao estado de existência de Gênesis 1.2: "sem forma e vazia", quando Deus visitar o seu juízo. Por esta razão é que haverá trevas (por exemplo, Amós 8.9), como houve antes de Deus criar a luz, porque a terra tremerá e as estrelas desaparecerão (Joel 2.10), as montanhas derreterão (Mq 1.3-4), e ninguém conseguirá permanecer de pé (Na 1.6).

Os babilônios destruíram o templo, arrasaram Jerusalém em 586 a.C. Porque o templo simboliza o cosmos, essa destruição do templo aponta adiante para a destruição do mundo. Tal entendimento do simbolismo nos ajuda a entender o imaginário cósmico usado pelos profetas do Antigo Testamento para se chegar ao significado das ameaças ao templo. Quando o templo foi derribado, o juízo de Deus veio em destruição descriadora. Aquilo que aconteceu ao símbolo acontecerá ao que ele representa, quando, conforme diz Pedro: "os céus se incendiarão e dissolverão e os corpos celestes derreterão incandescentes" (2 Pe 3.12).

Entre a destruição do templo em 586 a.C. e o grande dia, porém, vemos outro tempo quando o céu escureceu, a terra tremeu e, dessa vez, foi destruído o homem que, simbolicamente havia, ele mesmo, substituído o templo. Em João 2.19 Jesus se referiu à sua morte como a destruição do templo porque a sua morte cumpriu a visitação da ira de Deus contra o pecado, o que foi antevisto na destruição do templo em 586 a.C. A morte de Jesus salva todos que confiam nele da visitação final da ira de Deus naquele grande dia, quando Deus queimará o templo cósmico.

SOMBRAS E SUBSTÂNCIA

A árvore, o dilúvio e o templo são sombras, mas a substância pertence a Cristo (Cl 2.17), a imagem do Deus invisível (Cl 1.15).

Agora, Jesus está edificando um novo templo, não de pedras, mas de crentes. Nós somos templo de Deus e o Espírito de Deus habita em nós (1Co 3.16; 6.19). Pense na santidade do tabernáculo e templo do Antigo Testamento. Só os sacerdotes podem entrar no lugar santo, e somente o sumo sacerdote podia entrar no Santo dos Santos, e isso apenas uma vez por ano. É a sua vida caracterizada pela santidade necessária para a habitação de Deus? Sem essa santidade ninguém verá o Senhor (Hb 12.14).

Não desanime. A habitação da antiga aliança de Deus foi purificada pelo sacrifício oferecido no dia da expiação. A morte de Cristo purificou o novo templo da aliança. Este é o sangue que purifica de todo pecado e lava toda mancha (Hb 9-10). Confie neste sangue. Confie nele.

Os símbolos sumarizam e interpretam a grande história da Bíblia. Os acontecimentos-chave dessa história passam a ser usados como imagens que conectam a criação ao juízo e à redenção. Há também modelos-chave que são antessombra do tipo de coisa que o povo de Deus passa a discernir que ele faz, ao salvar em meio ao juízo, para mostrar a sua glória.

Capítulo 8

TIPOLOGIA

Tudo descrito nestes capítulos sobre simbolismo está relacionado, pelo menos levemente, à tipologia bíblica. O dilúvio é um tipo, como é a destruição do templo. Eu me referi a esses como sendo "imagens", principalmente por sua semelhança ao imaginário de árvore que temos na Bíblia. Mas, mesmo que o imaginário de árvore seja usado como resumo e explanação da história da Bíblia, uma árvore não pode ser considerada um tipo.

Os dois fatores-chave da tipologia bíblica são correspondência histórica e escalonamento. A correspondência histórica tem a ver com o modo com que pessoas, eventos, ou instituições reais correspondem uns aos outros — por exemplo, Noé e Moisés realmente foram preservados através de águas em que outros morreram. A escala tem a ver com o modo com que nos movemos desde o instante inicial, que poderíamos chamar de arquétipo, atravessando as prestações do modelo que reforçam o significado do arquétipo, aumentando a força na subida, morro acima, até que o tipo encontre cumprimento em sua expressão máxima. Aumenta a importância ao longo do caminho, desde o arquétipo até o seu cumprimento.

ANTESSOMBRAS E FIGURAS: PESSOAS, EVENTOS, E INSTITUIÇÕES

A tipologia introduzida no Antigo Testamento funciona como antessombra literária, mas é mais que mero recurso literário. Os tipos não são correspondências arbitrárias inventadas pelos autores bíblicos, mas relatos autênticos do que realmente ocorreu. Os autores bíblicos chamam a atenção às pessoas, aos eventos, e às instituições onde o autor divino produziu uma semelhança real. Examinar a tipologia bíblica é fazer exame da orquestração do Deus soberano.

Quando as pessoas notam o *tipo* de coisa que Deus fez, e interpretam esses modelos à luz das promessas que Deus fez, elas começam a esperar que Deus aja no futuro conforme ele agiu no passado. Essa antessombra tipológica envolve pessoas, eventos e instituições. Aqui, vamos considerar exemplos de cada um.

Pessoas. Faraó tentou matar o bebê Moisés; Herodes tentou matar o bebê Jesus. Moisés e seus pais eram estrangeiros na terra do Egito; Jesus e seus pais foram estrangeiros na terra do Egito. Deus chamou Moisés para liderar a Israel, seu filho primogênito (Êx. 4.22), e tirá-lo do Egito; Deus deu um sonho ao marido de Maria, José, ao que ele respondeu conduzindo Jesus, o amado filho de Deus, para fora do Egito (Mt 2.15). Moisés conduziu os filhos de Israel pelas águas do Mar Vermelho para o deserto, onde as pessoas foram tentadas e pecaram (Êxodo 16-34); Jesus foi batizado no rio Jordão por João e, então, foi para o deserto para ser tentado por Satanás, onde ele permaneceu firme na Palavra de Deus (Mt 3.13-4.11). No Monte Sinai, Moisés subiu a montanha e desceu com o Livro da Aliança (Êxodo 19-24, esp. 24.7); Jesus "subiu ao monte, e quando se assentou, seus discípulos vieram até ele" (Mt 5.1); e Jesus ensinou seus discípulos a lei de Cristo (cf. 1 Co 9.21; Gl 6.2) no sermão do monte (Mateus 5-7). São estes alguns pontos de correspondência histórica entre Moisés e Jesus.

Existe também um escalonamento desde Moisés até Jesus: Moisés conduziu Israel para fora da escravidão do Egito; Jesus salvou seu povo de sua escravidão do pecado. Moisés levou Israel a uma sombra do novo Éden, a Terra Prometida; Jesus conduzirá o seu povo para um novo e melhor Éden, o novo céu e nova terra.

Eventos. No êxodo do Egito, depois que Moisés foi preservado do ataque sobre sua vida pela semente da serpente, ele foi inicialmente rejeitado pelo povo de Israel (Êx 2.14). Foi embora, casou-se com uma gentia (Êx 2.21), e então retornou para conduzir Israel para fora do Egito. O Senhor abateu o primogênito do Egito, passando sobre os primogênitos de Israel por causa do sangue do cordeiro pascal nos umbrais de suas casas. Israel foi "batizado, assim na nuvem como no mar, com respeito a Moisés" (1Co 10.2), e então as pessoas "comeram de um só manjar espiritual e beberam da mesma fonte" (10.3), quando veio maná do céu e água da rocha. No Sinai, Israel entrou em aliança com Iavé (Êxodo 20-24), a nação recebeu instruções (Êxodo 25-31) e, em seguida, construiu o tabernáculo (Êxodo 35-40).

O que Jesus realizou foi cumprimento tipológico do êxodo, porque existe correspondência histórica entre os eventos bem como um escalonamento de seu significado. Jesus foi preservado do ataque sobre sua vida pela semente da serpente, e o povo de Israel inicialmente o rejeitou. Paulo ensina, porém, que quando Jesus voltar, todo Israel será salvo (Rm 11.25-27). No presente, Jesus tem uma igreja predominantemente gentílica como noiva. Paulo identifica Jesus como nosso cordeiro da Páscoa (1Co 5.7), e aqueles que creem em Jesus foram batizados nele. Participamos de um alimento e bebida espiritual melhores na Ceia do Senhor; e na lei de Cristo, recebemos uma melhor lei, que veio com uma melhor aliança (Hebreus 8-9, esp. 8.6). A igreja está sendo edificada em novo templo (ver, por exemplo, 1Co 3.16; 1Pe 2.4-5).

Aqui, o arquétipo do Antigo Testamento e seu cumprimento em Cristo, em sua morte e ressurreição, apontam adiante para a consumação de todas as coisas, conforme o livro de Apocalipse apresenta o derramamento final da ira de Deus em um modelo semelhante ao êxodo, com os juízos que acompanham as trombetas e taças correspondentes às pragas do Egito. No êxodo do Egito, Deus salvou seu povo da escravidão dos egípcios. No novo êxodo, realizado por Jesus sobre a cruz (cf. Lucas 9.31), Deus salvou seu povo de seus pecados. No êxodo desta era presente, Deus salvará seu povo da escravidão da corrupção (Rm 8.18-25; Ap 20.14-21.8).

Jesus é um Moisés novo e melhor, que ofereceu novo e melhor sacrifício, porque ele é o sacerdote novo e melhor, mediador de uma nova e melhor aliança, enquanto progredimos rumo à terra que é nova e melhor. Jesus também é novo e melhor Davi, e está conduzindo-nos a um reino novo e melhor, que jamais será abalado.

Instituições. Tanto o sacerdócio, quanto o sistema sacrificial dado a Israel, no Antigo Testamento, são sombras que apontam para realidades melhores em Cristo (cf. Hb 10.1). Em Hebreus 5-7, o autor explica como Jesus cumpre o sacerdócio e o substitui, e em Hebreus 9-10 o escritor elabora sobre como a morte de Cristo sobre a cruz é um sacrifício melhor, cumprindo o sistema levítico e levando-o a seu fim:

Novo e melhor Moisés
Novo e melhor Davi
Novo e melhor Sacerdote
Novo e melhor Sacrifício
Nova e melhor lei
Nova e melhor aliança

NENHUM DE SEUS OSSOS SERÁ QUEBRADO

Já olhamos exemplos de pessoas, eventos e instituições que se alimentam da tipologia bíblica, mas isso não deve nos levar a concluir que estas sejam três categorias não relacionadas. Às vezes, as pessoas, eventos e instituições são entretecidas, como no caso do exemplo que passamos agora a considerar. Espero demonstrar que o evento do êxodo, a festa instituída da Páscoa e a pessoa de Davi, todos se enquadram naquilo que João diz sobre como a morte de Jesus é o cumprimento tipológico do êxodo, da Páscoa, do sofrimento e da libertação de Davi.

Os autores do Novo Testamento estão constantemente afirmando que o Antigo Testamento foi cumprido. João 19.36 é um bom exemplo disso. O soldado romano furou o lado de Jesus (João 19.34). João insiste que viu com os próprios olhos e está contando a verdade (19.35), e em seguida escreve: "Pois estas coisas aconteceram para que a Escritura se cumprisse: 'Nenhum de seus ossos seria quebrado'". Ao lermos isso, a maioria de nós, provavelmente, assume que o Antigo Testamento predisse que nenhum dos ossos do Messias seria quebrado.

Porém, se formos procurar a referência cruzada, descobriremos que Êxodo 12.46 não estava predizendo o que aconteceria ao Messias, mas dando instruções quanto ao cordeiro da Páscoa. O que acontece aqui? O texto que, aparentemente, João diz estar sendo cumprido nem mesmo é uma predição!

Como João interpreta Êxodo 12.46? Eu sugiro que João interpretou este versículo da mesma forma que Davi o interpretou, no Salmo 34.20. Permita-me explicar.

Conforme mencionei, os autores bíblicos posteriores usam os eventos do êxodo do Egito como um paradigma para descrever a salvação de Deus. Em diversos pontos, vemos isso nos salmos. Vemos pesado uso de imagens do êxodo no Salmo 18, de onde eu espero estabelecer este ponto, para que, quando notarmos um uso mais leve do imaginário do êxodo no Salmo 34, possamos colocá-lo como operando na mesma dinâmica.

No Salmo 18, Davi descreve como o Senhor "o salvou da mão de seus inimigos e de Saul". Davi começa professando o quanto ama ao Senhor (18.1-3), então usa metáforas para descrever as dificuldades que enfrentou (18.4-5) e relata como clamou por Iavé (18.6). Ao descrever o Senhor respondendo às suas orações, no Salmo 18.7-15, Davi usa imagens do relato de como Iavé apareceu a Israel no Monte Sinai, em Êxodo 19.16-20.

O tremer da montanha (Sl 18.7; cf. Êx 19.18), a fumaça (Sl 18.8; cf. Êx 19.18), raios, trovões e fogo, e o Senhor descendo (Sl

18.8-14; cf. Êx 19.16-20) — todas essas imagens vêm direto da teofania do Sinai. Porém, vão mais fundo do que apenas uma reutilização de uma descrição de Deus aparecendo em favor de seu povo. Como Êxodo 19-24 relata como Deus fez aliança com Israel, talvez Davi esteja ligando o modo como Deus fez pacto com Israel ao modo como Deus fez aliança com ele (2Samuel 7; Sl 89.3).

Davi passa a descrever o Senhor que o livra, mostrando a semelhança com o abrir do Mar Vermelho (Sl 18.15; cf. Êx 15.8), a como foi tirado das águas à semelhança de Moisés (Sl 18.16; cf. Êx 2.10), e o Senhor o conduzindo a um lugar espaçoso como a Terra Prometida (Sl 18.19). O que Davi faz aqui? Ele descreve como o Senhor o libertou de Saul e de todos os seus inimigos (título do Salmo 18), e usa os eventos do êxodo do Egito, a aliança no Sinai, e esquemática interpretativa para descrever como o Senhor o salvou.

Davi emprega um imaginário similar, ainda que menor, no Salmo 34. No Salmo 34, ele descreve outro instante em que estava correndo perigo e o Senhor o preservou. Ele bendiz ao Senhor (34.1-3), e passa então a relatar como ele clamou ao Senhor por socorro (34.4-6). Em seguida, Davi faz uma afirmativa que resume como o Senhor protegeu Israel do Egito, quando estavam enredados entre os carros de Faraó e o Mar Vermelho. Êxodo 14.19-20 relata:

> Então o Anjo de Deus, que ia adiante do exército de Israel, se retirou e passou para trás deles, e se pôs atrás deles, e ia entre o campo dos egípcios e o campo de Israel; a nuvem era escuridade para aqueles e para este esclarecia a noite; de maneira que, em toda a noite, este e aqueles não puderam aproximar-se.

Se quiséssemos colocar em termos poéticos, teríamos dificuldade para melhorar o que diz Davi, no Salmo 34.7:

> O anjo do Senhor se acampa ao redor dos que o temem, e os livra.

Não fosse o que Davi continua dizendo no Salmo 34.20, poderíamos até pensar que isso não era mais que a reutilização de uma figura. Mas no versículo 20, Davi usa a linguagem e imagem das instruções para o cordeiro da Páscoa de Êxodo 12.46 quando descreve o Senhor que preserva os justos: "Ele conserva todos os seus ossos; nenhum deles será quebrado" (Sl 34.20).

Como passamos de declarações sobre o cordeiro pascal, em Êxodo 12.46, à reutilização dessa linguagem e imaginário no Salmo 34.20? Vamos considerar os versículos logo anteriores do Salmo 34.20.

Salmo 34.18 fala que o Senhor está perto dos "quebrantados" e salva "os abatidos de espírito." No hebraico, esses termos estão no plural, querendo Davi dizer que todos os que estão do seu lado, que se refugiam *em* e temem *ao* Senhor (Sl 34.8; 34.9), e se afastam de seu pecado (34.14). Então, no Salmo 34.19, há uma mudança do plural para o singular: "Muitas são as aflições do justo, mas o Senhor de todas o livra". Essa mudança para o singular muda o foco dos que estão sofrendo com Davi (Sl 34.18; cf. 1Sm 22.1-2) para o próprio Davi (Sl 34.19). Davi representa aqueles que se alinharam com ele. Quando Davi for liberto dos seus inimigos, todos que estavam ao seu lado também estarão seguros.

Quando ele usa o imaginário do cordeiro da Páscoa, no Salmo 34.20, e como no verso 19 os termos estão no singular e não no plural, parece falar de sua própria preservação como se fosse uma espécie de cordeiro pascal, para aqueles que estão aliados a ele. É quase como se Davi dissesse que o Senhor, livrando-o de seus inimigos, fizesse um novo êxodo. Ele não espera morrer, mas está sofrendo na mão de seus inimigos e sabe que sofrerá ainda mais, antes de ser libertado. Confiantemente, espera passar por essa perseguição e aflição e sair dela, assim como Deus salvou Israel no êxodo do Egito. Quando Deus livrá-lo, os ímpios serão mortos (Sl 34.21) e a vida dos servos do Senhor serão *redimidas* — e sabemos onde Deus redimiu os seus servos: no êxodo (Sl 34.22).

O ponto que quero ressaltar é que, nos Salmos 18 e 34, Davi descreve como o Senhor o salvou; os eventos do êxodo servem como uma espécie de gabarito, ou paradigma, ou esquemática. A salvação realizada por Deus para Israel, no êxodo, é o arquétipo. Davi passa, então, a interpretar e descrever sua própria libertação em termos extraídos do arquétipo, fazendo com que a libertação realizada pelo Senhor em sua experiência fosse uma parcela no modelo tipológico do êxodo. Conforme vimos, os profetas descrevem a libertação futura que o Senhor dará a Israel depois do exílio como outra parcela ou prestação nesse modelo tipológico. Em João 19.36, João afirma que Jesus cumpriu este modelo em sua morte na cruz.

João não está dizendo que Êxodo 12.46 seja uma predição de que os ossos de Jesus não seriam quebrados. Ele está afirmando que Jesus é o cumprimento tipológico, ou antítipo, do cordeiro da Páscoa. A morte de Jesus cumpre a morte do cordeiro. O êxodo do Egito é a salvação arquétipa que Deus faz por seu povo, e a morte de Cristo sobre a cruz é o cumprimento do que o êxodo tipificava.

Capítulo 9

MODELOS

No capítulo anterior, eu destaquei as *imagens* dos tipos por causa do uso da imagem da árvore, e uma árvore não é exatamente um tipo. Neste capítulo, quero distinguir *modelos* dos tipos, porque os dois modelos que quero considerar, aqui, são muito latos. Porém, estes modelos, como outras imagens examinadas acima, poderiam também ser descritos como sendo tipológicos. A repetição do modelo cria a impressão de que isso é o que tipicamente acontece, fazendo com que as pessoas notem e esperem mais dele. Aqui, desejo considerar o modelo das festas de Israel e o modelo do servo sofredor.

AS FESTAS DE ISRAEL

Deuteronômio 16.16 afirma que, três vezes ao ano, todos os homens de Israel deveriam se apresentar diante do Senhor para as festas da Páscoa, Pentecostes e Tabernáculos. Estas não eram as únicas festas, mas, por serem as três celebradas anualmente, aqui enfocaremos nestas. A Páscoa celebrava a libertação que Deus deu a Israel, saindo do Egito. Em outros lugares, Pentecostes é referido como a Festa da Colheita (Êx 23.16). E a Festa dos Tabernáculos celebrava como Deus proveu para Israel, quando o povo viveu em tendas ou tabernáculos durante todo o tempo de sua peregrinação pelo deserto a caminho da Terra Prometida.

A celebração anual dessas festividades faria com que Israel olhasse para o modo como Deus os salvou no êxodo, os trouxe através do deserto e lhes deu uma terra frutífera. Constantemente lembrando dessas coisas mediante a celebração das festas, seria criado um gabarito mental, pelo qual interpretariam as suas vidas e esperariam que Deus agisse por eles no futuro.

Qualquer que tivesse olhos para ver, entendia que Israel precisava ser liberto de mais do que apenas a escravidão do Egito. Existe uma forma pior de escravidão — ser preso ao pior de todos os feitores: o pecado. Qualquer um podia ver que, conquanto os israelitas esperassem ver um dia as maldições todas retiradas, esse dia ainda não chegara. A terra ainda não florescera como o Éden.

O modelo da celebração anual da Páscoa, portanto, simbolizava e informava as esperanças por uma redenção mais profunda, e é exatamente isso que encontramos nos profetas de Israel. O modelo das tendas ensinava Israel que, como Deus proveu para eles, em sua jornada pelo deserto no passado, assim também ele provê pra a jornada pelo deserto após o novo êxodo. Foi assim também com Pentecostes, que apontava adiante, para o dia quando o que lavra logo seguiria o que colhe (Amós 9.13).

Até aquele dia, os israelitas que estudaram as Escrituras veriam um modelo de sofrimento na vida dos justos, e dado o modo como as imagens, os tipos e os modelos informaram seu entendimento simbólico do mundo, talvez expressassem um cumprimento também para este modelo (cf. a expectação de Simeão, em Lucas 2.34-35). Parece que isso é o que encontramos no tema do justo sofredor, no Antigo Testamento.

O JUSTO SOFREDOR

Caim matou Abel. Abraão teve problemas com os filisteus e, talvez, esses fossem também os dias do sofrimento de Jó. Ismael zombou de Isaque. Esaú queria matar Jacó, e os irmãos de José o venderam à escravidão. Os israelitas rejeitaram Moisés, como fizeram a todos os profetas que surgiram como ele: Elias, Eliseu, Isaías, Jeremias, e todos os demais. Jesus bem podia dizer que Jerusalém era a cidade que apedrejava seus profetas e matava os que eram enviados a ela (Mt 23.37), e ele também profetizou que o sangue dos justos, desde o primeiro mártir do Antigo Testamento, Abel, até o último, Zacarias, seria cobrado da geração que o levou à morte (Lucas 11.49-51).

Este modelo do justo que sofre é especialmente forte no livro dos Salmos, onde Davi se refere à sua libertação da perseguição e aflição, em termos reminiscentes do êxodo do Egito, no Salmo 18.7-16 (cf. sobretítulo do Salmo 18). No Salmo 34, Davi usa imagens do êxodo (Sl 34.7; cf. Êx 14.19-20) e parece mostrar sua libertação, em termos que recordam Israel sendo liberto pelo Cordeiro da Páscoa (Sl 34.20; cf. Êx 12.46). Quando Jesus cumpriu o modelo do servo sofredor, morrendo como cordeiro de Deus que realiza a redenção no novo êxodo, nenhum de seus ossos foi quebrado (João 19.34-36).

Jesus é o Salvador a quem apontam todas as festas: o cordeiro da nova Páscoa no novo êxodo, o pão do céu e a água viva, que é *tabernáculo* entre nós, em nossa jornada para a Nova Jerusalém, as primícias da ressurreição dos mortos. Jesus é o justo servo sofredor. Sendo insultado, ele não revidou com ameaças. Aqueles que desejam obedecê-lo deverão seguir seus passos.

O QUE OS SÍMBOLOS NOS ENSINAM?

Falando simbolicamente, portanto, os seguidores de Jesus são escravos libertos. As cadeias do pecado foram quebradas. Fomos comprados por bom preço e devemos glorificar a Deus com nossos corpos (1Co 6.20). Estamos indo em direção a um Éden novo e melhor, o novo céu e nova terra, e aqui não temos nenhuma cidade permanente (cf. Hb 13.14).

Estes símbolos nos são dados para formar nosso entendimento de nós mesmos. Mostram quem somos nós. Dão-nos identidade. Contam a história de nossa vida no mundo real.

Ao olharmos para uma cidade melhor, somos chamados para seguir os passos de Jesus, sofrendo por fazer o bem (1Pe 2.19-23). Nós devemos tomar nossa cruz e segui-lo (Marcos 8.34), tendo em nós a mesma atitude de obedecer ao Pai e servir ao próximo, os quais ele transformou, em sua obediência até à morte (Fp 2.1-11).

Os símbolos bíblicos nos são oferecidos para dar forma a nosso entendimento de como devemos viver. Jesus é nosso paradigma, nosso modelo, nosso exemplo. Os símbolos sumarizam e interpretam a história, e nos informam quem somos nós na história e como devemos desempenhar nosso papel no desenrolar de sua trama.

O livro de John Knowles: *A Separate Peace,* começa com Gene voltando para a árvore de onde seu amigo Finny caiu, quinze anos antes, levando-no à morte. O livro se desenvolve quando Gene relembra os acontecimentos em torno dessa árvore. Mas existe uma história maior e melhor, o arquétipo que deu origem a todas as outras histórias: o grande código. Existe alguém que levou sobre si, em seu corpo, os nossos pecados no madeiro (1Pe 2.24), a fim de nos salvar da queda que ocorreu na árvore do jardim. Há um Salvador cuja morte é mais poderosa do que a morte de Finny, e um perdão que nos dá, não uma paz parcial, mas uma paz inteira, íntegra e total.

TERCEIRA PARTE:

A HISTÓRIA DE AMOR DA BÍBLIA

Capítulo 10

UMA CANÇÃO PARA A SENHORA QUE ESPERA

A noiva de Cristo e a teologia bíblica

Ninguém sabe o que aconteceu com a mãe. A bebezinha foi encontrada em seu sangue. O bondoso pai que a encontrou — não seu pai natural — literalmente deu-lhe vida. Quando foi encontrada a criança, o cordão umbilical ainda não tinha sido cortado e o sangue do nascimento não fora lavado. O pai proveu tudo o que era necessário, e a criança foi adotada e criada em ambiente seguro e cheio de amor. O pai que a encontrou começou a fazer planos para ela ser noiva do seu próprio filho.

Quando chegou à maturidade, a menina deu uma guinada trágica em sua vida. Ela confiou em sua própria beleza e procurou trilhar seu próprio caminho. Logo ela estava vendendo coisas que não têm preço. Vendia a si mesma. Em pouco tempo ela estava escravizada, sem esperança, arruinada.

O pai que a encontrara no princípio a comprou da escravidão. Tendo-a redimido, fez tudo para limpá-la e purificá-la.

Para sua surpresa, ele a prometeu como esposa a seu filho. Casaram-se e logo ela concebeu. Trazer este filho ao mundo foi, ao mesmo tempo, maravilhoso e terrível. Este não era um filho comum. Além do mais, um dragão procurava devorá-lo. De algum jeito, a criança sobreviveu.

Imagine o grande vilão do mundo tentando matar seu bebê e ele continua vivendo! Depois do menino fugir, o dragão se virou contra a mulher. De algum modo, ela também continuou viva. As maldições foram vencidas pelas bênçãos.

Como ela escapou do dragão e conseguiu chegar ao deserto? Só Deus sabe. Uma vez no deserto, tudo parecia perdido, enquanto o dilúvio subia; mas, então — só Deus sabe como — a terra abriu sua boca e engoliu essa inundação. Poderíamos pensar que seus inimigos estivessem se opondo ao próprio Deus, sempre frustrando os seus esforços.

Você reconhece estes eventos? Soam-lhe como Ezequiel 16 e Apocalipse 12? Em Ezequiel 16, encontramos Israel personificado como a menina infante encontrada em seu sangue, a quem Deus deu a vida. Então, quando Israel cresceu até a maturidade, cometeu adultério espiritual contra o Senhor. Em Apocalipse 12, Maria simboliza tanto Israel, quanto a igreja. Ela dá a luz a Jesus e o dragão tenta comê-lo vivo, logo que ele nasce. Esse trecho sobre o dragão é uma interpretação simbólica dos esforços de Satanás, através de Herodes, de matar Jesus. Então a mãe, simbolizando o povo de Deus, é preservada no deserto contra todos os esforços de Satanás de destruí-la.

A Bíblia pode ser misteriosa, não é mesmo? O mundo e os acontecimentos de nossas vidas também podem ser muito confusos. O que podemos dizer de dragões que tentam devorar bebês, de uma mulher levada sobre as asas de uma águia, sobre um casamento de um cordeiro? Será que os cordeiros têm bodas?

Eis uma pergunta-chave ligada às que eu acabo de fazer: como podemos entender-nos como a igreja? Agora, uma pergunta ligeiramente diferente, embora relacionada: se a igreja é tão especial no plano de Deus, por que ela parece ser tão sem expressão?

Se você está se perguntando qual o ponto principal desta seção, permita que eu diga de cara: a história e o simbolismo da Bíblia nos ensinam, como igreja, a compreender quem nós somos, o que nós enfrentamos e como deveremos viver, enquanto esperamos a vinda de nosso Rei e Senhor.

Na primeira parte, olhamos a linha da história da Bíblia, e o modo como o simbolismo da Bíblia — imaginário, tipologia e modelos narrativos — sumarizam e interpretam essa linha da história, na segunda parte. Agora, na terceira parte, examinamos como essas coisas nos ajudam a pensar a respeito da igreja. Faremos isso tendo como base o que já vimos das histórias e símbolos.

Ao pensarmos na igreja inserida na história, estas perguntas nos ajudarão a refletir sobre o lugar da igreja na teologia bíblica: Qual o papel da igreja na história da Bíblia? Quem é a igreja? Qual é o seu ambiente? O que cria a tensão em sua parte do enredo, enquanto a narrativa mais ampla se desenvolve? Como é resolvida essa tensão?

Quando pensamos no modo como os autores bíblicos simbolizam a igreja, estamos explorando como o simbolismo que usaram resume e interpreta o lugar da igreja na história. Não queremos apenas pensar na história e nos símbolos; queremos ser envolvidos totalmente por eles. Queremos ser identificados por esses símbolos. Teologia bíblica não é apenas um assunto interessante. Ela nos informa sobre quem somos e como vivemos. É um modo de sair de um mundo falso e entrar no mundo real, um transportador que nos capacita a habitar a história das Escrituras. A teologia bíblica é o verdadeiro Guia do Mochileiro das Galáxias (*Hitchhiker's Guide to the Galaxy*), e a teologia bíblica é também o coração de ouro que, de forma improvável, nos conduz ao mundo real. Envolvemo-nos na teologia bíblica a fim de não representar erroneamente aquilo que acontece conosco, de não buscarmos nossa identidade em um mundo falso e desperdiçarmos nossa vida.

A verdadeira história do mundo e do lugar da igreja nele é um conto estupendo. Melhor de tudo, é verdadeiro. Esta verdadeira história do mundo tem mais tristeza e alegria, mais drama e empolgação, mais esperança e satisfação que qualquer outra história que o mundo tenha conhecido.

A criança no seu sangue foi lavada e limpa. A senhora arruinada foi renovada. A meretriz foi transformada em noiva pura porque o seu noivo morreu para salvá-la. "Grande é este mistério, mas eu me refiro a Cristo e à igreja" (Ef 5.32).

Consideremos a identidade, o ambiente, e o papel da igreja dentro do enredo.

Capítulo 11

A IDENTIDADE DA IGREJA NA HISTÓRIA

A igreja é um grupo de crentes batizados em Jesus, certo? Seres humanos. São aqueles que creem, unidos numa só esperança no Senhor Jesus, partilhando uma só fé, tendo experimentado o mesmo batismo, e adorando um só Deus pelo poder do mesmo Espírito (cf. Ef 4.4-6).

Seguindo o precedente do Antigo Testamento, de falar metaforicamente das pessoas de Deus, Jesus e os apóstolos falavam metaforicamente sobre a igreja. As metáforas identificam as coisas com aquilo que elas não são. O propósito da metáfora é capturar a verdade sobre a coisa que é "metaforada". Assim, Deus não é uma pedra, mas a verdade de que Deus é estável, imutável, sólida, confiável e é comunicada quando dizemos: "O Senhor é minha rocha" (Sl 18.). Jesus e seus apóstolos também usaram metáforas para comunicar a verdade sobre a igreja.

OVELHAS DO PASTOR

Jesus pode se referir a seu povo como ovelhas, mas eles não são animaizinhos peludos de quatro pernas; são gente. Jesus chama seu povo de ovelhas, porque as ovelhas possuem características como as que têm o seu povo. Ovelhas são cuidadas e conduzidas por pastores, e Jesus é o Bom Pastor. Os pastores protegem as ovelhas, arriscando até suas próprias vidas. Jesus entregou sua vida para proteger as suas ovelhas.

Jesus é o seu pastor? Você é um cristão? Se estiver em dúvida, quero encorajá-lo a parar de ler este livro e ler Romanos, do começo ao fim. Note especialmente a declaração de Romanos 10.13, de que "Todo aquele que invocar o nome do Senhor será salvo".

Você não encontra pastor melhor que Jesus. Nós queremos ser pessoas formadas pelo Salmo 23, que confessam que o Senhor é nosso pastor, pensando de nós mesmos como quem está sob seu cuidado, e vivendo dessa forma.

NOIVA DE CRISTO

A igreja é um grupo de pessoas, não uma mulher individual que marcha pela nave do templo para se casar. Mas existe intimidade entre Jesus e seu povo, como no casamento. Efésios 5.22-33 nos ensina que o amor sacrificial de Jesus por seu povo deve ser refletido no amor de um esposo por sua esposa. A submissão da igreja a Jesus deve ser refletida na submissão da esposa a seu marido. A espera entre a identificação do povo de Jesus e a sua salvação final é como a espera entre o noivado e a grande celebração do dia do casamento (cf. Ef 1.13-14).

Por todas essas e muitas outras razões, Jesus identifica a si como o Noivo, quando perguntam-lhe por que os seus discípulos não jejuavam (Marcos 2.19) e ele conta a parábola sobre um casamento para descrever o reino vindouro (Mt 22.1-14; 25.1-13). Paulo diz que o mistério do casamento é a respeito de Cristo e sua igreja (Ef 5.22-33). Os crentes são descritos como virgem pura (Ap 14.4), e quando Jesus voltar para os seus, a multidão anunciará que chegou o casamento do cordeiro e a noiva já se ataviou (Ap 19.7).

Esta metáfora da igreja como noiva é para construir nossa identidade. Devemos pensar de nós mesmos em termos nupciais. Não podemos cometer adultério espiritual contra o Senhor Jesus. Devemos nos guardar para o Noivo, como uma noiva se reserva para o seu marido.

CORPO DE CRISTO

A afirmativa de Paulo, de que o casamento refere-se a Cristo e à igreja (Ef 5.32), segue imediatamente a sua citação de Gênesis 2.24, que declara ser o homem e a mulher uma só carne no casamento (Ef 5.31). Esta citação de Gênesis segue imediatamente a declaração de que "somos membros de seu corpo" (Ef 5.30), e antes, nesta passagem, Paulo refere-se a Cristo como "a cabeça da igreja, seu corpo" (5.23).

Há, portanto, uma conexão entre a união de uma só carne, de um homem e uma mulher que se casam, e a união com Cristo experimentada pelos crentes. O uso tanto da metáfora de noiva e noivo, quanto de cabeça e corpo, em Efésios 5, significa que esses são mutuamente interpretativos. A metáfora de cabeça e corpo enfatiza a liderança de Cristo, a quem a igreja se submete (Ef 5.24). A cabeça dirige o corpo, determinando o que o corpo fará, e o corpo põe em ação aquilo que a cabeça determinou (Cl 1.18).

A metáfora de corpo também comunica a unidade da igreja (Cl 3.15). A igreja é um corpo que foi reconciliado com Deus, mediante a morte de Cristo (Ef 2.16). Não são corpos diferentes na igreja, divididos de acordo com ser judeu ou gentio, negro ou branco. A unidade da igreja transcende as divisões raciais (Ef 3.6).

O ministério da igreja é um processo de edificar o corpo (Ef 4.12,16). Os diversos dons do Espírito, dados à igreja, o são com este propósito (1Co 12.1-31). O Espírito nos batiza no corpo, quando somos unidos pela fé em Cristo, em sua morte e ressurreição, ao sermos imergidos nas águas do batismo (1Co 12.12-13). O Pai elege. O Filho redime. O Espírito sela.

Ser membro da igreja é edificar sobre essa metáfora do corpo. Paulo escreve, em 1 Coríntios 12.27: "Vós sois o corpo de Cristo e, individualmente, membros desse corpo". Somos unidos uns aos outros e a Cristo. Um cristão que não seja membro da igreja é como uma mão ou um olho não ligado ao resto do corpo. Pode sobreviver? Será útil?

Somos unidos uns aos outros em virtude de nossa união com Cristo. Precisamos uns dos outros, do mesmo jeito que um joelho precisa do resto da perna, do jeito que a perna precisa do pé, e todos temos de estar ligados à cabeça, Cristo.

Estas metáforas devem formar nosso entendimento de nós mesmos. Somos noiva de Cristo, e somos o seu corpo, unidos a ele de modo semelhante à união de uma só carne, entre um homem com uma mulher, no casamento.

A FAMÍLIA ADOTADA DE DEUS

A igreja é a noiva e o corpo do Filho, e seus membros são filhos adotivos (Rm 8.15), renascidos do Pai. Isso nos torna parte da família de Deus (1João 3,1,10; 5.2), membros de sua casa (Ef 2.19).

Esta adoção, anteriormente, pertencia a Israel (Rm 9.4), onde Deus identifica Israel como filho primogênito (Êx 4.22). No plano eterno de Deus, agora é a igreja que foi adotada (Ef 1.5).

Não fomos negligenciados. Somos ovelhas do Bom Pastor.

Não fomos abandonados. Somos amados do Noivo.

Não estamos sós. Somos membros de seu corpo.

Não somos estrangeiros. Fomos adotados na família de Deus.

Se você não é crente em Jesus, quem cuida de você? Quem virá para você? A quem você está buscando? Você tem família? Se você se arrepender de seu pecado, e confiar em Jesus, poderá fazer parte da família de Deus.

TEMPLO DO ESPÍRITO SANTO

Jesus disse: "Edificarei a minha igreja" (Mt 16.18). Ele mesmo é a pedra angular, e a igreja é construída sobre o fundamento dos apóstolos e profetas (Ef 2.20). Toda a igreja está sendo ajustada, e cresce para se tornar templo santo do Senhor (Ef 2.21). Os membros da igreja são pedras vivas desta casa espiritual, que é também um santo sacerdócio, oferecendo a Deus sacrifícios espirituais (1Pe 2.5).

Não somos um lugar ermo, estéril, desabitado, sem rumo. Nossas vidas são habitadas pelo Deus vivo. Somos templo do Espírito Santo (1Co 3.16). Deus habita em nossos louvores (Sl 22.3).

Quando cremos na Bíblia, o Espírito Santo media a presença de Cristo em nós e nos enche de Deus (Ef 3.14-19). A ideia de que a igreja seja templo do Espírito Santo está ligada, diretamente, ao posicionamento da igreja na grande história da Bíblia.

Capítulo 12

A POSIÇÃO DA IGREJA NA HISTÓRIA

O ambiente ainda trata do mundo inteiro. Quando Deus colocou Adão no jardim do Éden, a responsabilidade de Adão era expandir seus limites, para que a glória de Deus cobrisse toda a terra como as águas cobrem o mar. Adão foi expulso do jardim. Quando Deus colocou Israel na terra, a responsabilidade da nação era expandir os seus limites, para que a glória de Deus cobrisse as terras secas como as águas cobrem o mar.

No caminho rumo à terra, Deus deu a Israel um símbolo do ambiente da história quando instruiu o povo a edificar o tabernáculo como uma representação do mundo. Mais tarde, o templo substituiu esse tabernáculo. A presença de Deus no tabernáculo e no templo requeria que tudo que havia neles fosse santo, e tudo a seu redor fosse limpo.

Agora, a igreja é o templo do Espírito Santo, e isso fala sobre a presença de Deus na igreja e a necessidade da santidade e disciplina. As igrejas que não disciplinam põem em risco as vidas daqueles que, como Nadabe e Abiú (Levítico 10), desprezam as instruções de Deus ao se aproximarem dele, arriscando serem consumidos por sua santidade (cf. 1Co 11.27-32).

Tais realidades — que o templo é símbolo do cosmos, e que a igreja é o templo do Espírito — significam que a igreja deve ser uma previsão de como o mundo vai se tornar. A igreja é um retrato do novo templo. Os redimidos que se encontram na presença de Deus, que o conhecem e têm nele o seu prazer, servem-no e vivem por ele — é dessa forma que todo o mundo será, na era vindoura.

Assim como Deus colocou Adão no jardim para expandir os seus limites, para que a glória de Iavé cobrisse as terras secas como as águas cobrem o mar, Deus colocou Israel na terra para assumir a mesma tarefa, dando-lhes uma antevisão do que seria, quando encheu o tabernáculo e o templo com a sua glória. Jesus mandou os seus discípulos na mesma tarefa a todas as nações: enquanto são feitos novos discípulos, o templo cresce, o lugar da presença de Deus se expande, e a glória de Deus se espalha sobre a terra seca. No futuro que virá, essas realidades serão plenamente cumpridas. A terra estará plena do conhecimento da glória de Deus.

O fato de que a igreja é templo do Espírito Santo parece informar o que Paulo afirma, em 1 Coríntios 7.14, sobre os cônjuges descrentes serem "santificados" pelo crente. O incrédulo ainda terá de se arrepender e crer (1Co 7.16), mas a contagiosa santidade é dada ao descrente pelo crente, com quem ele ou ela está casado (7.14). Essas ideias parecem ser também o que Paulo tinha em mente, quando fala dos filhos serem "impuros", se não forem mantidos em contato com o templo do Espírito, o pai ou a mãe crente.

Não estamos mais vivendo em terra especificamente dada a nós, mas nossa responsabilidade ainda é de cobrir a terra com a glória de Deus, como as águas cobrem o mar. O povo de Deus não é mais uma nação sociopolítica com limites. Somos transnacionais. Não somos mais uma entidade étnica com uma defesa militar. Viemos de todas as nações.

Sob a antiga aliança, a nação de Israel subjugava as nações a seu redor, por meio da conquista militar, colocando-as sob autoridade da lei do Senhor. Na nova aliança, a igreja não possui programa militar. Pelo contrário, buscamos unir as pessoas a nosso ponto de vista, ao persuadir que creiam no que nós cremos, convencendo-os a se submeterem à autoridade do Senhor.

Não vamos mais ao templo em Jerusalém para adorar ao Senhor. Adoramos o Senhor em espírito e em verdade, onde quer que se ajunte o povo de Deus (João 4.21-24).

Pensar nesse ambiente também faz com que voltemos a outro aspecto de nossa identidade. Não somos mais escravos, mas ainda não chegamos em casa. Somos como os israelitas, que eram escravos no Egito até que Deus os redimiu, e então foram peregrinos, viajando para a Terra Prometida. Nós também fomos libertados da escravidão do pecado e, agora, somos viajantes. Somos exilados do Éden que atenderam ao chamado para sair da Babilônia, e agora estamos voltando do exílio. Nosso destino é a cidade santa, a Nova Jerusalém, que desce do céu de Deus (Ap 21.10). Habitaremos em um Éden novo e melhor, o cumprimento da Terra Prometida, o novo céu e a nova terra.

Capítulo 13

A TENSÃO DO ENREDO DA IGREJA E SUA RESOLUÇÃO

A história e o simbolismo da Bíblia ensinam a igreja a compreender quem ela é, o que ela enfrenta, e como ela deve viver, enquanto anseia pela vinda de seu Rei e Senhor.

Isso deveria ser fácil, não é? O que é difícil em sermos noiva e corpo de Cristo? O que é difícil em ser família de Deus, o templo do Espírito Santo?

Esta jornada por terras estéreis, no caminho para o novo céu e nova terra, não deveria ser uma expedição livre de riscos e com garantia de segurança? Não deveria ser algo emocionante, ainda que como um passeio na montanha-russa — assustador, mas seguro?

É assim a sua vida? Pode parecer que é assim, às vezes; talvez, quando refletimos sobre a segurança em Cristo e certeza de que Deus vencerá todos os seus inimigos. Mas eu não penso que a vida tipicamente pareça desse jeito, mesmo para aqueles que meditam na Palavra de Deus dia e noite. Isso não é só porque perdemos, de alguma forma, a perspectiva e não estamos pensando corretamente. Considere, por exemplo, os Salmos. Os autores dos Salmos sentem estar constantemente em perigo mortal. Não falam como se a vida fosse uma montanha-russa sem riscos. A vida é realmente perigosa. Realmente amamos as pessoas. Tememos, de verdade, que as pessoas que amamos se firam. Realmente enfrentamos tentações. Já vimos pessoas que achávamos santas terem falhas morais e cometer naufrágios na fé — pessoas que achávamos que fossem colunas da igreja. Já vimos casamentos de mais de cinquenta anos acabarem em divórcio.

Você sente a tensão na trama da igreja? A história da igreja é que Cristo morreu como cordeiro pascal, libertando os crentes da escravidão do pecado. Após a Páscoa, Moisés conduziu Israel ao Monte Sinai, onde as pessoas receberam a lei e o pacto. Cristo é nosso novo Moisés, que nos deu uma lei nova e melhor como parte da nova aliança. Israel viajou pelo deserto até a Terra Prometida. Estamos, agora, peregrinando por este mundo, a caminho da nova e melhor Terra Prometida, o novo céu e nova terra. Uma vez na terra, Davi reinou como rei sobre Israel. Jesus, nosso novo e melhor Davi, é o nosso Rei, que reinará com justiça e jamais falhará.

No entanto, sabemos que o enredo da igreja está repleto de tensão, porque vivemos nessa tensão. Sentimos nossas preocupações, nossos fardos e nossas inimizades. Mas Deus nos deu tantas vantagens, que deveríamos nos maravilhar porque o autor da história da igreja é capaz de produzir uma tensão verdadeira e convincente na trama desta história.

Vimos que foi a tentação de Adão e Eva por Satanás, subjugando-os quando pecaram, que introduziu a tensão na grande história da Bíblia. Embora Satanás tenha sofrido uma derrota decisiva na cruz de Cristo, ele ainda não foi removido para sua gaiola eterna. Ele foi vencido, mas ainda não se entregou.

Foi expulso do campo de batalha celeste, mas veio até a terra por um pouco de tempo, e faz guerra contra a mulher e a sua semente (Ap 12.7-17).

Por que Deus permite isso? Talvez não possamos dar uma resposta que explique tudo nessa questão, mas sabemos que Deus assim permite. Também sabemos que Deus não se surpreende com isso. Não é o caso de Satanás conseguir mais, ao evitar ser capturado.

Como sabemos disso? Porque este tempo de aflição para o povo de Deus foi profetizado no Antigo Testamento. Daniel 7.23-25 retrata uma perseguição satânica ao povo de Deus, antes que esse povo receba o reino descrito em 7.26-27. Daniel 12.7 fala da "destruição do poder do povo santo", que chegaria ao fim antes que se cumprissem todas as coisas.

O quadro que temos, mostrando o fim, tem seu paralelo no que vimos na cruz: Satanás pensou ter vencido Deus quando o Messias foi crucificado, mas Deus obteve a vitória por aquilo que pareceu uma derrota. Agora, o povo do Messias triunfará da mesma forma que fez Jesus: sendo fiéis até à morte, em face da oposição satânica.

Satanás não está tentando novo estratagema contra a igreja. Ele persiste na mesma estratégia que usava contra o Messias. Satanás tenta destruir a igreja do mesmo modo que tentou destruir Jesus. Deus terá a glória sobre Satanás quando a igreja for fiel até à morte, assim como ele recebeu a glória sobre Satanás quando Jesus venceu, sendo fiel até a morte.

Por esta razão é que o Novo Testamento tem tanto a dizer sobre tribulação e aflição. Satanás procura destruir a igreja com as aflições e tribulações. Por meio dessas mesmas tribulações e aflições, Deus mostra o seu poder na fraqueza da igreja. Por isto é que Paulo dizia às igrejas que "através de muitas tribulações, nos importa entrar no reino de Deus" (Atos 14.22).

O sofrimento do Messias e do povo do Messias é, às vezes, referido como as angústias messiânicas. Se você é crente em Jesus, você é noiva e corpo de Cristo, faz parte da família de Deus, é templo do Espírito Santo, e — por mais surpreendente que lhe pareça — a sua vida será *difícil*, e não fácil, você não evitará as angústias messiânicas. Se foi necessário, primeiro, que o Messias sofresse para, então, entrar em sua glória (Lucas 24.26), é necessário que a igreja passe por muitas tribulações para, então, entrar no reino de Deus (Atos 14.22).

Ironicamente, o único jeito de evitar as tribulações e aflições é se aliar ao time perdedor. Junte-se a Satanás contra Deus, e você não sofrerá as agruras messiânicas. Em vez disso, você terá o mundanismo. Mas descobrirá que o mundanismo não satisfaz a alma. Descobrirá que a cobiça dos olhos, a cobiça da carne e a soberba da vida deixam a boca seca, a garganta crestada, e cascalho nas entranhas. Verá ao final sua vida arruinada pelos prazeres transitórios do pecado.

Mas, se confiarmos em Jesus, arrependermo-nos do pecado e andarmos com ele, perpassando os sofrimentos messiânicos, descobriremos que ele está conosco, quando passarmos pelo fogo (Is 43.2). Descobriremos que, quando parece não haver esperança, brilha a alvorada e vem o Salvador. Veremos que a situação de estar quebrado é uma oportunidade para que ele demonstre seu poder de cura. Descobriremos que, quando estivermos exaustos, enquanto esperarmos nele, ele nos carregará em suas asas como de águias.

Descobriremos o que Paulo descobriu (cf. 2Co 6.8-10):

— Ainda que o mundo nos trate como impostores, somos verdadeiros;
— mesmo que não sejamos reconhecidos aos olhos do mundo, somos conhecidos por aquele cuja opinião realmente importa;
— ainda que morramos, viveremos;
— embora sintamos profunda tristeza, regozijamos sempre;
— mesmo sendo pobres, tornamos ricos a muitos;
— mesmo nada tendo, possuímos tudo.

Você descobrirá que mesmo que as angústias messiânicas tornem sua a vida em cinzas, Deus as torna belas e dá força em lugar de lágrimas (Is 61.3). O choro pode durar a noite; a alegria virá pela manhã (Sl 30.5).

A história e o simbolismo da Bíblia ensinam a igreja a entender quem ela é, o que ela enfrenta, e como viverá, enquanto anseia pela vinda de seu Rei e Senhor. Devemos seguir Jesus, sendo fiéis até à morte, amando a Deus e ao próximo, entregando nossa vida pelos outros como ele entregou sua vida por nós.

Não se engane quanto a isso: as pessoas ao nosso redor vivem suas vidas à luz de uma história maior. Para muitos, a história que explica suas vidas é uma imitação barata e satânica da verdadeira história do mundo. Por isso eles esperam que algum político seja seu Messias. Esperam que a medicina dê vida eterna; olham para a evolução como o seu mito de criação, e esperam "mudar o mundo" para um reino que venha agora, por meio de maquinações políticas, decisões judiciais ou triunfos legislativos.

Não deixe de buscar fazer todo possível para a glória de Deus e o bem de nosso próximo. Estou simplesmente afirmando que fomos criados para viver na história verdadeira — não uma imitação fictícia dela com seus xamãs ou cientistas, sacerdotes ou eruditos, ou políticos.

O nome de Deus será santificado. O reino de Deus virá. A vontade de Deus realmente será feita na terra, como é no céu. É esta a história que a Bíblia conta.

Como serão as coisas quando Deus finalmente redimir o seu povo? Será como num dia de casamento. A noiva terá se preparado com obras de justiça, que são as vestes de noiva de fino linho branco (Ap 19.6-8). E virá o Noivo como nenhum outro (Ap 19.11-16).

A batalha foi vencida.
A guerra acabou.
A vitória foi completa.
O sofrimento terminou.

Os pesares foram sentidos.
As promessas foram cumpridas.
Os amantes foram fiéis.
A alegria é eterna.

A esperança é realizada.
A fé passou a ser visão.
O seu Reino veio.

EPÍLOGO

A Teologia bíblica sai deste mundo para entrar em outro mundo. Podemos chamá-la de ponte; podemos chamá-la de foguete. Podemos chamá-la de uma tentativa para sair deste mundo e entrar em outro. O ponto é que estamos tentando tirar nossa mente e coração do mundanismo para o universo simbólico da Bíblia.

Cuidado: não pense que o estudo da teologia bíblica fará isso por você. O melhor modo de aprender teologia bíblica, o melhor modo de deixar o pensamento do mundo e entrar no pensamento da Bíblia é *estudar a própria Bíblia*. Não torne isso mais difícil do que precisa ser. Leia a Bíblia. Muito e sempre.

Percebo que o melhor modo de entender a interconexão da Bíblia é ler grandes pedaços numa só sentada. Em vez de ler a Bíblia por pedacinhos, por que não sentar e ler o quanto puder de Gênesis, de uma só vez (em um período só de tempo)? Entregue-se, de verdade, ao estudo da Bíblia. Tire uma semana e tente ler todo o Antigo Testamento do começo ao fim. Isso leva a semana inteira ou mais, mas você pode imaginar um jeito melhor de passar uma semana?

Ao ler grandes porções da Bíblia, eu aprendo mais, quando marco as conexões entre os capítulos, ou livros, ou autores com lápis coloridos. Assim, eu consigo encontrar, por exemplo, a citação de Deuteronômio 4.29, em Jeremias 29.13.

Outra coisa que ajuda tremendamente é fazer uma turnê dirigida da Bíblia, conduzida por um livro de teologia bíblica. A minha compreensão do Antigo Testamento foi enriquecida ao ler *Theology*, de Paul House, junto à minha leitura do próprio Antigo Testamento. Deixava que House me introduzisse a uma seção de, digamos, Gênesis, e eu passava, então, a ler essa porção de Gênesis. Meu livro: *God's Glory in Salvation through Judgment: A Biblical Theology*, passa livro-por-livro por toda a Bíblia, e um excelente modo de lê-lo é justamente ler esse livro junto à sua leitura regular da Bíblia.

Se você estiver interessado em estudar mais a teologia bíblica, segue aqui uma curta lista de livros sobre o assunto, que talvez procure em seguida.

LEITURAS ADICIONAIS

TEOLOGIAS BÍBLICAS DE TODA A BÍBLIA

Hamilton, James M., Jr. *God's Glory in Salvation through Judgment: A Biblical Theology*. Wheaton, IL: Crossway, 2010.

Gentry, Peter, e Stephen Wellum. *Kingdom through Covenant: A Biblical-Theological Understanding of the Covenants*. Wheaton, IL: Crossway, 2012.

Schreiner, Thomas R. *The King in His Beauty: A Biblical Theology of the Old and New Testaments*. Grand Rapids: Baker, 2013.

TEOLOGIAS DO ANTIGO TESTAMENTO

House, Paul R. *Teologia do Antigo Testamento*. São Paulo, SP: Editora Vida, 2005.

Dempster, Stephen G. *Dominion and Dynasty: A Biblical Theology of the Hebrew Bible*. New Studies in Biblical Theology. Downers Grove, IL: InterVarsity, 2003.

TEOLOGIAS DO NOVO TESTAMENTO

Ladd, George Eldon. *Teologia do Novo Testamento*. Edição Revisada. São Paulo, SP: Editora Hagnos, 2003.

Thielman, Frank. *Teologia do Novo Testamento: Uma abordagem canônica e sintética*. São Paulo, SP: Shedd Publicações, 2007

Schreiner, Thomas R. *New Testament Theology: Magnifying God in Christ*. Grand Rapids: Baker, 2008.

Beale, G. K. *A New Testament Biblical Theology: The Transformation of the Old Testament in the New*. Grand Rapids: Baker, 2011.

LIVROS SOBRE TEOLOGIA BÍBLICA

Alexander, T. D., Brian S. Rosner, Graeme Goldsworthy, e D. A. Carson, eds. *New Dictionary of Biblical Theology*. Downers Grove, IL: InterVarsity, 2000.

Goldsworthy, Graeme. *According to Plan: The Unfolding Revelation of God in the Bible*. Downers Grove, IL: InterVarsity, 2002.

Alexander, T. D. *From Eden to the New Jerusalem: Exploring God's Plan for Life on Earth*. Nottingham, UK: Inter-Varsity, 2008.

Lawrence, Michael. *Biblical Theology in the Life of the Church: A Guide for Ministry*. Wheaton, IL: Crossway, 2010.119

AGRADECIMENTOS

A trombeta soará, o arcanjo dará a ordem, os céus se abrirão, e ele virá: Rei dos reis, Senhor dos Senhores, herdeiro de Davi, Leão de Judá, semente da mulher, Cordeiro em pé como quem foi morto, esperança do mundo, sarador dos enfermos, ressuscitador dos mortos, consolação para todo pesar, alegria do desejo do homem, aquele que é digno de receber toda honra e louvor, vitorioso sobre a morte, autor da fé, campeão, Cristo. Naquele dia, o reino deste mundo se tornará reino do Senhor e de seu Cristo, e ele reinará para sempre. *Aleluias* a Cristo.

O mundo que está por vir desconhece armas e guerras, os corações não serão mais enganosos, as nações não se enfurecerão. Os leões comerão capim, como o boi, e as criancinhas brincarão junto à toca da cobra: nada haverá para temer, pois a maldição será retirada e o deserto se tornará como a terra do Éden. O arco da história da Bíblia engloba terras em um Éden novo e melhor, um novo céu e nova terra, e seremos como Jesus, pois o veremos como ele é.

O Salmo primeiro descreve a bênção de meditar na Bíblia, e sua poesia demonstra que o deleite na Palavra de Deus produz uma pessoa que é como árvore plantada no jardim do Senhor. Estar sempre meditando na Palavra do Senhor é ter sempre em mente o próprio Senhor. Estar sempre com o pensamento no Senhor é andar nele, permanecer nele — e não era isso mesmo o melhor que havia no Éden? Sendo assim, a teologia bíblica, que procura formar a mente de acordo com as Escrituras, a fim de entender e abraçar a cosmovisão dos autores bíblicos conforme é refletida nos seus escritos, nos conduz deste mundo para outro. O mundo a que nos leva à teologia bíblica é o mundo por vir.

Feliz é a nação cujo Deus é o Senhor, que tem acesso à sua Palavra, que nela medita de dia e de noite, que anda com ele, pois permanecer nele transforma o deserto sem rumo em um jardim no frescor do dia, e ele mesmo se torna um tabernáculo de sombra, de dia, e abrigo do vento e da chuva. Não há ninguém igual ao Senhor.

O meu louvor e gratidão, portanto, são para Deus Pai, por meio de Cristo, o Filho, no poder do Espírito Santo. Ele nos deu a sua Palavra — e que presente isto é! Ele não poupou seu próprio Filho! Maravilha que nos torna boquiabertos — quanto amor! Nenhum é maior. A vida pelo Espírito, o perdão em Cristo, doces e ternas misericórdias, são de derreter o coração de pedra.

Como agradecer ao Senhor por todos os seus benefícios para comigo? Minha esposa é uma maravilha além de palavras, e nossos filhos nos dão alegrias que ultrapassam tudo que pudéssemos imaginar ou esperar (de vez em quando, com consternações da mesma ordem!). Somos tão gratos pelo círculo mais amplo de pessoas que gozam o antegozo do mundo por vir, na Igreja Batista de Kenwood. A Palavra de Deus é rica, as ordenanças do batismo e da Ceia do Senhor nos empolgam e sustentam, os músicos são habilidosos, e, pela graça, nossos corações estão transbordando de fé, esperança, e amor.

Dedico este livro à nossa filha Evie Caroline, orando para que a teologia bíblica a conduza até à cidade que possui fundamentos, cujo arquiteto e construtor é Deus.

O Ministério Fiel visa apoiar a igreja de Deus, fornecendo conteúdo fiel às Escrituras através de conferências, cursos teológicos, literatura, ministério Adote um Pastor e conteúdo online gratuito.

Disponibilizamos em nosso site centenas de recursos, como vídeos de pregações e conferências, artigos, e-books, audiolivros, blog e muito mais. Lá também é possível assinar nosso informativo e se tornar parte da comunidade Fiel, recebendo acesso a esses e outros mate- riais, além de promoções exclusivas.